Philipp Brucker Jo, Pfiffedeckel!

Philipp Brucker

Jo, Pfiffedeckel!

Bürgermeister Pfiffedeckel erzählt

Geschichten in alemannischer Mundart

Moritz Schauenburg Verlag · Lahr/Schwarzwald

3. Auflage 1990

Gesamtherstellung Moritz Schauenburg GmbH & Co. KG
Graphischer Großbetrieb, Lahr/Schwarzwald

ISBN 3-7946-0233-1

Inhalt

Vorwort

Als mich der Südwestfunk 1983 bat, für seine beliebte Vormittagssendung »Gute Laune aus Südwest« Geschichten in alemannischer Mundart zu schreiben, erfand ich die Figur des Bürgermeisters Pfiffedeckel. Die Geschichten enden stets mit der lapidaren Antwort: »Jo, Pfiffedeckel!« In anderen Sprachgebieten würde man dafür einfach: »Denkste!« sagen. Bei uns Alemannen schließt dieses »Jo, Pfiffedeckel!« knitze Schlauheit, manchmal auch triumphierende Rechthaberei mit ein.

Es fiel mir nicht schwer, diese Geschichten zu erzählen, schließlich bin ich 20 Jahre lang der Oberbürgermeister meiner Heimatstadt Lahr gewesen. Auch ein Oberbürgermeister muß manchmal ein rechter Pfiffedeckel sein, damit er alle Beschwernisse des Amtes übersteht und in den Freuden nicht übermütig wird.

Ich habe in dieses Buch Geschichten aus der Südwestfunk-Sendung aufgenommen, sie aber, die dort dem Funk gerecht werden mußten, etwas umgestaltet. Neue Geschichten, die für den Funk zu lang gewesen wären, kamen hinzu. Unnötig zu betonen, daß alle Geschichten frei erfunden und Ähnlichkeiten mit lebenden Personen purer Zufall sind. Obwohl in Baden-Württemberg das kommunale Gremium jetzt »Gemeinderat« heißt, seine Mitglieder in Städten aber »Stadträte« genannt werden, habe ich nur vom »Stadtrat« geschrieben. Unsere Bürger halten an dieser herkömmlichen Bezeichnung für den Rat fest.

Bei der Schreibweise habe ich mich, wie in meinen früheren Mundartbüchern, zum Kompromiß entschlossen. Die Verwendung einer Lautschrift, die unser nieder-alemannisches Lohrerditsch exakt wiedergeben würde, erschwert vielen das flüssige Lesen. Deshalb gleiche ich mich der Schriftsprache an und rufe dem Kenner zu: »Wer's weiß, wurd's wisse!« Ein Wörterverzeichnis am Schluß gibt Übersetzungs- und Deutungshilfen.

Möge das Buch ein Beweis dafür sein, wie aufregend, wie strapaziös, aber auch wie schön Kommunalpolitik sein kann. Vielleicht findet mancher meiner früheren Kollegen sogar Trost darin.

Lahr, im Herbst 1984 Philipp Brucker

Vorwort zur 3. Auflage

Der Bürgermeister Pfiffedeckel erfreut sich immer noch großer Beliebtheit. Was er erlebte und erzählt, das haben viele im Land so ähnlich auch schon erfahren. Deshalb stimmen sie nicht nur in das Lachen ein, das in diesen Geschichten immer wieder die Oberhand gewinnt, sondern sie beenden oft auch ein Gespräch mit mir lachend mit dem Ruf: »Jo, Pfiffedeckel!« Möge auch die dritte Auflage, die ein unveränderter Nachdruck der ersten ist, den Bürgerinnen und Bürgern Freude, den Bürgermeisterkollegen da und dort aber auch Trost schenken. Kommunalpolitik ist überall (fast) gleich.

Lahr, im Frühjahr 1990 Philipp Brucker

Mir Burgermeister lache,
au wämmer nix z'lache hänn!

Zum Anfasse

Glauwe jo nit, daß mr als Burgermeister eifach so ins Rothuus hucke-n-un ebbis schaffe derf. Selli Zitte sin längscht vorbei. Diä Herre us dr große Politik hänn uns do e Strich durch d'Rechnung g'macht. In sellere große Politik git's e Bundeskanzler »zum Anfassen«, e Minischterpräsident, wo de dich dran hewe derfsch, un au e Huffe Abgeordniti, diä wo sich au anfasse losse. So ebbis färbt nadierlig ab. Des geht nit spurlos an uns Burgermeister vorbei.

Telefoniärt mich doch do d'Frau Kropfigel ganz unschiniärt im Rothuus an un frogt mich spitzig, ob dr Herr Minischterpräsident au fir mich e Vorbild sin dät. Ha, des kommt druf an, hawi e bissili v'rlege g'meint, will i nit g'wißt hab, uf was selli Frau Kropfigel nus will. »Was macht seller Minischterpräsident denn Guets, daß'r fir mich e Vorbild sin dät?« hawi ganz vorsichtig g'frogt.

Seller dät e Minischterpräsident zum Anfasse sin, wiä si immer in dr Zittung lese dät, het si g'meint. Ob ich des au sin dät?

»Un ob!«, hawi ins Telefon briält, »un ob! Mir Burgermeister sin immer ganz noht am Volk, immer huttnoh an dr Bürger, immer mittsinne drinne im G'wuehl!« Dodrfir däte mir jo bezahlt wäre, hawi noch gsait, daß mr immer wisse, was im Nägschte fehlt, wo's'ne druckt un wiä mr-em helfe könnt.

Des hätt ich awer jetz emol schön gsait, het d'Frau Kropfigel g'meint un het g'frogt, ob si in dr nägschde Däg emol ins Rothuus komme derft. »Was welle-nihr denn im Rothuus?« hawi si g'frogt, »hawi Eich diä Sach nit guet gnue expliziärt?« Sell dät schu stimme, het si g'meint. Awer mit dem Expliziäre dät des Problem, des wo sich Ihre stellt, nonit g'löst sin. »Ich will ins Rothuus komme, demit ich Eich emol anfasse kann«, het si gsait un 's het mr fascht d'Sproch vrschlage.

I hab mr z'erscht emol mit-ere Gegefrog Luft vrschafft, so wiä-n-i des im Stadtrat au mach, wenn i merk, daß mi einer uf's Glattiis fihre will. »Wiä alt sin Si denn, Frau Kropfigel?« hawi g'frogt, obwohl i jo g'wißt hab, daß-es e ganz aldi Schatteg isch.

Wo si mr ihr Alter gsait ghet het, hawi-re expliziärt, daß mr sich sozesage au geischtig anfasse könnt. Des dät si nit vrstehn. Do dät si geischtig nonit ganz mitkomme, het si zur Antwort gänn.

»Basse Si uf«, hawi widerscht expliziärt. Ich dät jetz dr Telefonhörer im Rothuus an minnem Schribtisch ganz fescht an minni Bruscht drucke. »Un drno, liäwi Frau«, hawi gsait, »drno lange Si au ganz fescht an Ihr Telefon dran. Drno simmer geischtig mitenander vrbunde. Des isch's Anfasse durch Telekommunikation!«

»Des isch guet!« het si g'schnuuft. »Wenn i des minnerer Freindin, dr Ida, vrzehl, daß i mit-em Burgermeister Telekikikation mach! Diä wurd villicht stuhne. Des isch guet!« Drno het si nomol Luft g'holt un het g'meint, daß-es ihr awer doch liäwer sin dät, wenn si au bi mir emol so dranlange derft, wiä mr des bim Minischterpräsident anschiints derf. Deswege wott si mi im Rothuus b'sueche. Ob's morge gehn dät, het si wisse welle.

Do hawi numme gsait: »Jo, Pfiffedeckel!«

D'Wanderung

Wenn de keini Ideeje hesch, bruchsch kei Burgermeister wäre. Was nutzt dr e Huffe Geld in dr Stadtkass, wenn's numme so vrpulvert wurd un iweral ebbis drbi rushopst, was wider neijs Geld koscht? Do simmer selli Ideeje liäwer, selli wo nit vil koschte, awer e ungeheiri Wirkung hänn.

Drowe-n-im Schwarzwald hawi e Kolleg. Uff selle bin i so räscht neidig. Seller het's doch bigoscht fertig brocht, daß'r in sinnere Gmeind e bsunderi Attraktion z'biäte het. 's isch domols gsin, wo dr Professer Carstens noch unser Bundespräsident gsin isch. Seller isch mit sinnere schöne Frau, sellere Dokteri, durch ganz Ditschland dappt. Kriz un quer, iwer Stock un Stein, dr Berg nuf un dr Berg nab. Un immer widr an e guets Wirtschäftli zue-n-eme guede Vesperli. Do isch dr Ministerpräsident e Stickli mitg'wandert, dert het dr Regierungspräsident d'Schnapsgutter hinghebt, un au sunschtigi Präsidente hänn uf eimol entdeckt, wiä guets doch isch, wämmer emol us-em Autöli stiigt un e Stickili z'Fueß d'Heimet erlebt. Un nadierlig mir Burgermeister! Iweral sin minni Kollege g'stande, hänn im Tirigent vun dr Musik e Zeiche gänn un drno isch druflos päpert wore, daß dr Präsident mit sinnere schöne Frau noch e bissili schneller zum Rothus g'rennt isch. Mancher Kolleg isch ganz schön ins Schwitze komme, denn wer het schun emol d'Glegeheit ghet, im Bundespräsident un sinnere Frau dr Grueß z'entbiäte!

Seller Kolleg drowe-n-uf-em Wald, seller isch e bsunderer Klefeeri. Seller het's bigoscht fertig brocht, daß dr Bundespräsident e paar Kilometer witt iwer sinni Gemarkung g'wandert isch. Un am Waldrand, kurz vor-em Städtli, het'r au noch e Paus zum Vrschnufe g'macht. Stelle-n-Eich des emol vor: do derf so-n-e kleiner Burgermeister am Rand vum Wanderweg stehn un derf im Präsident un sinnere schöne Frau e Griesewässerli, e Stickli Schunkespeck un e schöner Rämbe Brot hinstrecke. Drno huckt dr Präsident au noch uf e Baumstamm, seller wo grad dert am Wegrand leit. Denne Baumstamm kamm'r später nadierlig nimmi eifach versäge. Was denke-n'r au! So-n-e Präsidente-Baumstamm wurd poliert un konserviert un kommt mit-eme schöne Schildli ins Heimatmuseum. I denk do an seller Stein am Rand vuneme Schwarzwaldstädtli. Dert steht e Bank vor-em Stein un in dr Stein isch ning'meisselt: »Hier ruhte Großherzogin Luise bei ihrer Wanderung aus.« Selleweg heißt des Plätzli hitzedags noch »Luisen-Ruh«. So wurd's mit-em Baumstamm au gehn. »Hier saß Bundespräsident Prof. Karl Carstens« wurd uf-em Schildli stehn. 's wurd uf-em Baumstamm genau dert hing'nagelt, wo dr Präsident mit-em Fidli g'huckt isch.

Minner Kolleg im Schwarzwald isch awr noch vil g'wiifter gsin. Seller het jetz im Wald un uf dr Matte dr Weg, seller wo dr Bundespräsident Hand in Hand mit sinnere schöne Frau g'wandert isch, usschildere lehn. Alli paar Meter findsch do am-e Baum odr anere Stang e Schildli, uf sellem wo steht: »Karl-Carstens-Weg«. Bi jedem Schritt hesch do als Wanderer jetz des schöne G'fiehl, daß genau dert, wo jetz dinner Schueh mit dr Nägel hindappt odr dert, wo de grad din Fidli hinbugsiersch, daß dert dr Bundespräsident schun dappt oder g'huckt isch. Do wurrsch bigott ganz patriotisch. Do iwerriiselt's dich, daß de im Wald oder uf dr Matt am liäbschde 's Ditschlandlied singe dätsch. Grad so wiä vor-eme Länderspiel.

Mir hänn jo keini Schangse meh ghet. Dr Professor Carstens isch in Pension gange, un mr hänn e neijer Präsident kriägt. I hab im Städtetage gschriewe un hab sellene gsait, si sotte dr Präsident sowitt bringe, daß-er mit-em Fahrrädli durch d'Gegend juckelt. In so-n-eme Fall, hawi gschriewe, däte mir glich e Fahrradweg quer durch unseri Gemarkung baue, un au im Rothus däte mr noch e paar Radfahrer meh anlehre. Awer selli Kaiwe vum Städtetag hämmer numme z'ruck'gschriewe: »Jo, Pfiffedeckel!«

Sau tot!

Dr Burgermeister geht in Ruhestand. D'Förster hänn sich usbedunge, daß si am Schluß vun dr letschte Sitzung vum Stadtrat mit ihre Jagdhörner noch eins bloose derfe. Also stehn si dert an dr Wand un bloose-n-un bloose. Wo si fertig sin, frogt dr Burgermeister: »Hänner jetz 's Halali bloose oder numme ›Sau tot!‹?«

D'Förster sin nit v'rlege. Was si do ganz zum Schluß bloose hänn, des dät heiße: »Zum Esse!«

Glattiis

Bi uns in der Ebini schneits jo nit so oft wiä bi selle drowe-n-uf-em Berg. Awer wenn's bi uns emol sowit isch, drno isch's au bi mir im Rothus sowit. Do kamm'r sich druf vrlosse.

Geschdert nomiddag het's plötzlig angfange mit schneije. I hab zum Fenster nusgluegt un hab g'wartet. 's kann nimmi lang duure, hawi fir mich denkt un hab dr Schneeflöckli nochgluegt. Schun het 's Telefon g'scheppert.

»Burgermeister Pfiffedeckel«, hawi gsait, wo-n-i dr Hörer vor-em Muhl ghet hab. Schon isch's losgange. D'Frau Hämpfili vum Schnookebuckel isch dran gsin.

»Sehn Sie denn nit, daß-es schneit?« het sie us-em Telefon rusbriält.

»Nadierlig«, hawi gsait, »bi uns do schneit's au. Dr Großherzog uf-em Denkmal het schun e kleins, wisses Käppli uf sinnere Glatzi. Des sotte Sie mol sehn, Frau Hämpfili!«

I sott si mit-em Großherzog umkeit lehn, het si bruddelt. Sellem sinni Glatzi dät-ere egal sin. Do dät's um ganz anderi Sache gehn. Het si g'meint. Un drno het si mi gfrogt, ob i nit aktiv wäre wott. Sit'r fimf Minutte dät's schneije. Si dät awer nirgendwo e Streiwage sehn. Wägeworum si eigentlig Stiire bezahle dät, hä? Wägeworum si mich domols zum Burgermeister g'wählt hätt, hä? Ob mir im Rothus d'Verantwortung fir's Indididuum nit spiire däte, hä? So isch's kriz un quer gange. Immer meh het d'Frau Hämpfili uf uns Fuulenzer im Rothus losbengelt, un i hab alles brucht, bis i endlig au emol zu-me Wörtli komme bin. So isch des immer. Kuhm riisle drei

Flöckli vum Himmel, do sotte mir schun alli Stroße ing'salze-n-un alli Trottwar freig'schippt han.

»Mir miän z'allererscht d'Stroß zum Krankehus nuf sicher mache«, hawi gsait. Si dät nit im Krankehus leije un si dät au nit krank sin, daß si 's Krankehus bruche dät. Deswege sott i uf diä billig Usred mit-em Krankehus vrzichte.

»Mir miän au d'Usfahrt fir d'Feierwehr sichere«, hawi expliziärt. Bi ihre dät's nit brenne, het d'Frau Hämpfili briält un het nomeh döwert.

Do hawi villicht e Wuet kriägt. Wämmer bi dr Feierwehr g'streit hänn, hawi z'ruckbriält, drno däte mr d'Trottwar fir d'vorlutte Gosche streije, demit selli nit usrutsche.

Do het si am andere-n-End vun dr Leitung villicht g'schnuuft. Jetz, hawi denkt, jetz hawi di endlig kriägt. Noch emol het si g'schnuuft. Drno het si gfrogt, ob i domit amend sie g'meint ghet hätt? Do hawi numme gsait: »Jo, Pfiffedeckel!«

Wo si ufglegt ghet het, simmer unseri Männer vum Streidienst ing'falle. Fir selli kommt dr Schnee manchmol gar nit so unglege. Wenn's in dr Naacht schneit un si miän friehj rus, drno kriäge sie Iwerstundegeld zahlt. Deswege leije si manchmol im Winter, wenn's noht am schneije-n-isch, schun ab dr dreie am Morges uf dr Lauer un luege alli zeh Minutte, ob's nit endlig schneit.

Eimol isch's noht drangsin. Si hänn sich alli schnell uf dr Weg in dr Bauhof g'macht. Kuhm sin si in dr Autöli zum Streije ghuckt, het's usg'sehne, wiä wenn dr Schnee schu widr in Rege iwergehn dät. Schnell sin si losgfahre-n-un hänn gstreit un gstreit. Wo-n-i si am Morge vor-em Rothus troffe hab, het dr Kapo zue mir gsait: »Mr hänn schnell streije miän, demit mr fertig sin, wenn's widr taut.« Ob's amend nit räscht gsin wär, het'r gfrogt, wo-n-i e bidenkligs Gsicht g'macht hab. Do hawi zue-n-em gsait: »Jo, Pfiffedeckel!«

Opposition

Mir hänn e Burgermeister,
der wo vil schafft,
der wo uf-em Kiwiif isch,
der wo iweral B'scheid weiß,
der wo's mit dr Lit vrsteht,
der wo fir alli do isch,
dämm wo nix z'vill wurd,
der wo sich fir's Städtli fascht v'rrißt,
der wo au emol lacht
un e Späßli macht.

's wurd högschti Zit,
daß mr ei neijer Burgermeister kriäge!

Salami

»Herr Burgermeister, i hab e Problemli, kann i emol komme«, het dr Stadtrat Fitzlibutz zu mir gsait. Drno isch'r komme.

Nadierlig mueß mr z'erscht emol wisse, wer der Stadtrat Fitzlibutz isch. Also – der isch Mitglied im Ortschaftsrat in unserem kleine Stadtteil Iwerzwerch. Dert isch'r au dr Stellvertretter vum Ortsvorsteher. Des isch awr nonit alles. Er isch au noch Mitglied bi uns im Stadtrat un g'hört als Stadtrat sellere Fraktion an, selli wo immer sellene sait, daß mr des un sell nit derf. Nadierlig isch des nonit alles. Dr Stadtrat un Ortschaftsrat Fitzlibutz isch au noch im Kreistag. Dert mueß'r ufbasse, daß selli sell wo selli sellene nit gönne, nit selle andere gänn.

Awer des isch nonit alles. Dr Stadtrat un Ortschaftsrat un Kreisrat Fitzlibutz isch au dr Vorstand vun dr Kicker vum FC Iwerzwerch im Stadtteil Iwerzwerch. Ob'r sunscht au ebbis schafft? Was denke-n-r denn? Der isch bi-n-ere Behörde angstellt. Dr Namme due-n-i awer nit v'rrote.

Jetz isch'r also bi mir im Rothus g'huckt. »Höre Sie mol«, het'r gsait. Wenn'r des sait, mueß mr d'Ohre spitze. »Des geht nimmi länger, daß mir dr Sportplatz mit dr Schuel teile miän. Mir bruche-n-e eigener Platz. Gänn Sie uns sell Mättli im Mattegrund, drno wäre mir's richte. Meh bruche mr nit. Numme sell Mättli. Alles ander mache mir selwer.«

Mir hänn im FC Iwerzwerch sell Mättli gänn. Si hänn's e bissili herg'richtet un hänn drno druf kickt.

Ball druf isch dr Stadtrat Fitzlibutz bim-e Viertili noch dr Stadtratssitzung e bissili nähder an mi nag'ruckt un het gsait: »So geht des nit widerscht. Jeder Hinz un Kunzli kickt uf unserm Platz. Mr bruche-n-e Zaun drumrum. Hänn Sie vrstande?«

Ich hab's vrstande. Mir hänn mit unserem Bauhof e stabiler Zaun um des Sportplätzli zoge. No isch dr Herbscht komme. Mit-em Herbscht isch au dr Stadtrat Fitzlibutz zu mir ins Rothus komme. »Könne Sie des verantworte«, het'r gfrogt un het sich bi mir uf dr Schribtisch g'stibbert. »Könne Sie verantworte, daß sich minni Kicker bi Wind un Wetter drusse-n-uf-em Mättli im Freije us- un anziäge miän?« Un drno het'r mir expliziärt, wieviel Buewe si in dr Jugendabteilung hänn un wiä wichtig diä Jugendarbeit vun dr Kicker fir unser Vaterland sin dät.

»Mir hänn kei Geld«, hawi im Stadtrat Fitzlibutz bedittet un hab in minne Akte g'niält. »Geld!« het'r gsait, »Geld! Mit Geld kamm'r alles mache. Mir mache-n-awer alles ohni Geld. D'Stadt git uns us-em Stadtwald e bissili Holz. Dr Rescht wäre mir erledige.«

So hämmer's g'macht. D'Stadt het-ne 's Holz gänn, un selli Kicker hänn an jedem Samschdig in d'Händ g'spaut. E paar Monet später hänn si dr Stadtrat zur Inweihung vun dere Blockhütti inglade. Si sin ganz stolz gsin. Jeder Stadtrat het e Wurst, e Weckli un e Kriägli Wiin kriägt. Drno isch dr Stadtrat Fitzlibutz, seller wo dr Vorstand vun dr Kicker isch, ufg'stande-n-un het gsait, daß'r sich bi sinne Kollege un bi dr Stadt fir des Hoz us-em Stadtwald bedanke dät. Si hätte-n-e schöni Klubhütti drus g'macht. Alli hänn klatscht un hänn g'lacht. Glich druf isch-ne 's Lache vrgange.

Nadierlig, het dr Stadtrat Fitzlibutz gsait, könnt mr

in dere Blockhütti, in sellere wo sich diä Kicker au umziäge däte, nonit uf dr Lokus gehn, will's nämmlig noch gar keiner git. Au wäsche dät sich noch keiner könne. Deswege dät er, dr Fitzlibutz, dr Stadtrat bitte, jetz noch e kleini Wasserleitung un e b'scheidini Kanalisation lege z'lehn. Drno dät des Problemli g'löst sin.

Dr Stadtrat het des Problemli g'löst un het 's Wasser an diä Klubhütti hin un drno au widr furtbringe lehn. 's isch alles friedlig un still gsin.

»I trau dem Friede nit räscht«, hawi zu minnere Frau gsait un hab an dr Fitzlibutz denkt. So isch's gsin. E paar Tag später hawi morgens d'Zittung studiärt. Do isch e Interview mit-em Vorstand Fitzlibutz vun dr Kicker vun Iwerzwerch drinne gstande. Mit Träne-n-in dr Auge, so het dr Reporter g'schriewe, heb dr Fitzlibutz gsait, daß si jetz dem Abstieg entgegegehn däte. Ja, wäggeworum denn, heb dr Reporter wisse welle. »Des kann ich Ihne genau sage«, heb dr Fitzlibutz zur Antwort gänn. »Will mir keine Tiefstrahler hänn, könne mir jetz im Herbscht, wenn's friehjer dunkel wurd, nimmi owends träniäre. Des könne awer unseri Gegner, will selli in Gemeinde wohne, wo mr meh Vrständnis fir e Sportsverein un dem sinni Ideale het.« Ideale, het'r gsait, dr Fitzlibutz.

Ihr vrstehn, ihr liäwi Lit, daß mir diä zwei Tiefstrahler montiärt hänn. D'Stadt het selli Maste kauft, un 's Elektrizitätswerk het d'Strahler g'stiftet, will dr Stadtrat Fitzlibutz bim Vorstand vum Werk vrzehlt het, daß alli sinni Kicker drheim elektrisch koche-n-un bade däte. E Elektromeister us-em Stadtrat het alles gratis installiärt.

Glich druf hänn d'Kicker vun Iwerzwerch widr jede

Sunndig g'wunne. 's isch eim schu langsam unheimlig vorkomme. Diä hänn e Ufschwung g'numme, daß si immer berihmter wore sin.

»Des isch's, wämmer eim Tiefstrahler baut«, het dr Stadtrat Fitzlibutz zu mir gsait, un i hab mi g'freit. »Jetz könne mr uns vor lutter Buewe nimmi rette, diä wo alli in unserer Jugend kicke welle«, het'r drufg'setzt un het mr in d'Auge g'luegt. »Mr hänn schu sechs Jugendmannschafte. Do langt selli primitiv Blockhütti nimmi. Mir miän e räscht's Klubhus han!« 'r het schnell uf d'Sit g'luegt, demit ich-ne nit hab fixiäre könne.

»Höre Sie uf«, hawi zittert, »d'Stadtkass isch leerg'fegt!« Mit-ere volle Stadtkass könnt jeder Kommunalpolitik mache, het dr Stadtrat Fitzlibutz sinniärt. Awer mit-ere leere – do dät mr erscht sehn, wer e räschter Politiker isch. Des dät e Herusforderung sin, selli wo mr eifach annämme miäßt. Do gäb's doch son-e Töpfli mit Lotto-Toto-Mittili un noch so-n-e Töpfli bim Landkreis, un drno dät's noch dr Landesjugendplan gänn, un bim Regierungspräsidium däte si sich b'stimmt au nit lumpe lehn. Un d'Sparkass erscht, d'Sparkass!

»D'Sparkass!« het dr Fitzlibutz briält, »d'Sparkass! Jetz geh i z'erscht emol zur Sparkass un loß mr e Spendi fir's nei Klubhus gänn. Drno geh i zur Volksbank un vrzehl sellene vun dr Spendi vun dr Sparkass. Do miän diä jo ebbis rusrucke. Drno nix wiä ab zur Raiffeise-Bank. Dert wink i mit dr Spendi vun dr Sparkass un vun dr Volksbank. Drno geh i z'ruck zur Sparkass un sag-ne, daß si doch 's gröscht Institut sin wotte. Wenn i awer so an selli Spende vun dr Volksbank un dr Raiffeise-Bank denk, also nai!

Drno lange selli vun dr Sparkass noch emol in dr Gällbittel.«

So isch's drno au g'loffe. Im nägschte Herbscht hämmer sell nei Klubhus ing'weiht. Dr Mittelpunkt vun dem Klubhus isch dr groß Schulungsraum fir d'Jugend. An dr Ruckwand isch d'Thek, selli wo d'Bimbam-Brauerei zur Verfigung g'schtellt het. Vun dere Thek us geht's direkt in d'Kuchi. Dert het sich 's Elektrizitätswerk nit lumpe lehn. Uf sellem Herd kannsch fir 100 Persone uf eimol koche-n-un broote-n-un bache. Un 's Gschirr wäscht selli groß Maschin.

Wenn de in dem Schulungsraum fir d'Jugend hucksch un iwer's Bierglas weg zum große Fenster nusluegsch, kannsch drusse grad d'Mölli vun dr Kikker sehn, selli wo drusse-n-uf-em Platz rumkicke. Awer sell isch nit so wichtig. D'Hauptsach, d'Luis, des isch d'Frau vum Platzwart, macht gueti Schnitzel un Pommfritt!

Wo-n-i am-e Sunntigmorge emol zum Friähschoppe-n-in dr Schulungsraum fir d'Jugend komme bin, do sin si villicht iwer mich herg'falle. So-ne lumpigi Stadt dät's im ganze Ländli niänends meh gänn, hänn si durchenander briält. »Was welle-n'r denn?« hawi mi eschoffiärt. »Hämmer Eich nit alles gänn? E Plätzli hänn'r, e Trainingsbeleichtung, e neijs Klubhus, e Zaun un e Stroß!«

»Haha« un »Hoho«, hänn si do g'macht un hänn mi in d'Zang g'numme. Un wo si ihri Autöli hinstelle sotte, wenn si zum Friähschoppe fahre däte, hä? Des hänn si mi g'frogt, un einer het gsait, sinner Karre dät driwe bis an d'Achse-n-im Dreck stecke. »Des hänn Ihr fir dr Sport iwrig«, het'r bruddelt un het mi knubbt.

Ihr wisse's, ihr liäwi Lit. Mir hänn au noch seller Parkplatz baut, hänn-e asphaltiert un mit wisser Farb markiert. Jetz wurd's amend Rueh gänn, hawi denkt. Jetz kannsch im Rothus widr schaffe.

Glauwe-n'r! Iwer's Johr isch's Problem widr do gsin. Selli Kicker, selli wo jetz in d'Johre komme-n-un nimmi uf-em Platz hinterem Balle herschnuufe könne, selli wotte jetz Tennis spiele. Des het mr dr Vorstand un Stadtrat Fitzlibutz expliziärt. Hinterem Mättli, sell wo ihr Sportplätzli isch, dät noch emol e Mättli leije. Sell dät grad 's räscht Maß fir e Tennisplatz abgänn. »Duen Sie au ebbis fir unseri alde Herre«, het dr Fitzlibutz gsait un het bedittet, daß jo bal widr Burgermeisterwahl sin dät.

Wo mr seller Tennisplatz ing'weiht hänn, hawi im Stadtrat Fitzlibutz, seller wo jetz auch dr Vorstand vun dere Tennisabteilung gsin isch, e großi Salami iwerreicht. »Nämme Sie diä Salami«, hawi gsait, »demit Sie widerscht Stickli fir Stickli drvun abschniide-n-un Ihri Salami-Taktik furtsetze könne.«

Do het dr Vorstand un Stadtrat Fitzlibutz diä Salami g'numme, het 's Sackmesser us-em Hosesack zoge-n-un het e Schiibli drvun abg'schnitte. 'r het mr des Schiibli gänn un het gsait: »Sie hänn räscht, Herr Burgermeister. Mir bruche bigoscht noch e Beleichtungsanlag fir denne Tennisplatz, demit mr au owends noch Tennis spiele könne.« Alli hänn klatscht un briält un g'lacht.

Ich hab des Schiibli Salami g'esse un bin bidächtig heimzue gange. Drheim hawi mr e Stickli Hutt vun sellere Salami us-em hohle Zahn bibbelt un hab's in dr Finger zwirbelt. 's isch doch ebbis schöns, hawi zue mir selwer gsait, wämm'r sonigi Vereiner mit sonige

Vorständ het. Was däte mir denn sunscht in dr Kommunalpolitik mache. Hä?

Soll i e Wetti anbiäte, daß dr Stadtrat un Vorstand Fitzlibutz in e paar Monet wider bi mir im Rothus steht? Drno wurr i-ne usschwätze lehn, wurr lache un wurr sage: »Jo, Pfiffedeckel!«

Entbindung

Im Stadtrat het's e Mordskrach gänn, will einer us dr nichtöffentlige Sitzung ebbis im-e Redaktör vrzehlt het. Des derf mr erscht, wenn dr Burgermeister eim vun dr Schweigepflicht entbunde het. Deswege het einer, wo sich g'ärgert het, g'frogt: »Herr Burgermeister, hänn Sie entbunde?«

Antwort vum Burgermeister: »Nai, bis hit hawi nonit entbunde!«

Charakter

De kannsch dr noch sovil Miäh gänn, kannsch noch sovil schaffe-n-un wuehle, wenn de nit 's räscht Auto hesch, no bisch niemeds. Vun wege Burgermeister, un Amtskett, un Zylinder un schwarzes Anzigli! Uf 's Auto kommt's hitzetags an!

Neilig isch mr dr Karre verreckt. I bin grad noch mit Pfuuse-n-un Dampfe-n-un Poltere in d'Garasch komme. Dert sin si zweimol um's Auto rumgschliche, hänn do e Droht dran ghebt, dert e Schluch ning'steckt un hänn dr Kopf g'schittelt. »Nämme Sie solang dänne Kleine do, der isch grad frei«, hänn sie gsait un hänn behauptet, daß si so schnell wiä möglig mit dr Reparatur anfange däte.

Ich bin in seller klein Karre ning'schlupft un bin durch's Städtli gondelt. An dr erscht Ampel, wo mr hänn stoppe miän, het e Birger newe mir g'halte, het 's Fenster an sinnem silwrige Mercedes nunterdrillt un het zu mir briält: »Hoho! Hänner bankrott g'macht im Rothus? Nix Pinke, Pinke meh in dr Stadtkass, hä?« Do het d'Ampel uf Griän umg'schalte. Ich hab Gas gänn, un hab seller mit sinnem Pinke-Pinke in dr Qualmwolk vun minnem Kleine stehn lehn.

Glich druf hämmer schu widr an-ere Ampel halte miän. Jesses, do isch bigoscht dr Andres mit sinnem klepprige Wage un sinnem Ochs vor mir g'stande. Dr Andres isch dr einzig im Städtli, wo noch mit-em Ochs uf's Feld nusfahrt. Ganz stolz huckt'r vorne ufem Brettli un steiert sinner Ochs mitte durch dr Verkehr. Jetz awer isch's passiert. Dr Ochs het emol miän. Ganz breit het'r sich hing'stellt, und drno het's schun uf d' Stroß plätschert. Mittlerwiil isch d'Ampel vun Rot iwer Gähl uf Griän gange. Des het im Andres sinner Ochs nit schiniärt. Ich bin schu ganz zipfelsinnig wore. Wo's bi dem Andrese-Ochs immer noch plätschert het, hawi emol g'huupt un hab dr Kopf zum Fenster nusg'streckt. Do het sich dr Andres rumdrillt un het zue mir z'ruck briält: »Könne-n'r nit waarte, bis mir fertig sin?« Endlig sin si fertig gsin, dr Andres un sinner Ochs, un mir alli hänn widerschtfahre derfe.

Am Rothus het mr mich drno nit uf dr reserviärt Parkplatz welle fahre lehn. »*Der* Platz isch fir dr Chef«, het dr Husmeister briält un het sich vor min kleins Autöli g'schmisse. »Geh us-em Weg«, hawi z'ruckbriält, »ich bin's doch!« Dr Husmeister het's awer nit glauwe welle. Wo-n-ich ne iwerzeigt ghet hab, het'r voller Stolz gsait: »Dr Chef kommt nin, awer der mickrig Karre do blibbt drus. Der basst nit zu uns!«

Später bin i am-e Stadtrat vorbei'gfahre. Kuhm bin i im Rothuus gsin, het mi seller schun antelefoniärt. »Des isch guet, des isch schön«, het'r gsait. »Endlig wäre Sie politisch vernimpftig un fange bi sich selwer mit sellem Spare-n-an, sell wo Sie uns immer so feierlig predige. Mit so-n-eme Wägili kriäge Sie erscht Charakter, Herr Burgermeister.« Mir het's jo fascht d'Sproch vrschlage. Schnell hawi ufg'legt un hab e bissili iwer dr Charakter sinniärt. Wo fangt eigentlig dr Charakter an un wo hört dr Chef uf? So hawi in mir selwer rumbohrt. Muesch e großer oder e kleiner Karre han, daß de ang'sehne bisch un iweral durchkommsch? Fascht wär i an mir selwer vrzwiifelt. Do isch mr awer im letschte Moment noch e guedi Idee komme.

I bin heimgange-n-un hab 's Fahrrädli vun minnem Bue us dr Garasch g'holt. Mit eim Satz bin i druf-g'hopst un bin durch's Städtli g'radelt. Am nägschte Stroßeneck het mi e Bürger an dr Lenkstang g'hebt, het mr ins Gsicht ningrinzt un het mi g'frogt: »So, hänn sie Ihnne au dr Führerschiin abgnumme?«

Do hawi wiä vrruckt mit sellere Schell am Fahrrädli g'schellt und hab briält: »Jo, Pfiffedeckel!«

Hohler Buch

Im Stadtrat geht's um-e neijer Bebauungsplan, denne wo d'Herre nonit kenne. Dr Burgermeister expliziärt alles krottebreit, awer so schnell kammer des nit alles kapiäre. Änneweg wott dr Stadtrat Knöpflistein ebbis sage, will'r immer ebbis sage mueß. Deswege sait'r zur Inleitung: »Herr Burgermeister, es isch nit immer guet, wämmer so us-em hohle Buch Sache vun sich gänn mueß!«

Beifall

Es isch schu schlimm. Mir Burgermeister miän jo immer mittsinne im Volk stehn. Alli Auge sin uf eim g'richtet. Do trausch di nit, emol ebbis falsch z'ma-che. Deswege sin mir Burgermeister jo au so voll-komme!

Änneweg bin i emol schwer nindappt. I bin im Konzert gsin. Manchmol mueß mr au ebbis fir sinni Kultur duen, hawi denkt. Nit bloß Wäsche-n-un Kämme-n-un d'Zähn butze. Nai! Emol so räscht in dr Kultur bade. In 's Konzert gehn. Do bin i halt gange. Nadierlig mueß mr als Burgermeister in dr erscht Reih hucke. Dert bin i g'huckt.

Ganz ufmerksam hawi selle Musiker zueg'hört, selli wo uf-em Podium g'fiedelt un päpert un trum-melt un zupft hänn. 's isch e schöni Musik gsin. Wenn i numme g'wisst hätt, wenn des Stickli ufhöre dät. Wenn's ufhört, mueß mr nämlig klatsche. Awer diä newe-n-un hinter mir hänn's schiints au nit so räscht g'wisst. Deswege hänn si g'wartet, was dr Burger-meister macht. Seller wurd's schu räscht mache, hänn si denkt. Fir was isch'r denn dr Burgermeister.

D'Musik het sich ganz ordenanzmäßig g'steigert. Selli mit dr Päpere hänn d'Backe-n-ufbloose, daß de g'meint hesch, 's dät si gli vrrisse. Selli mit dr Giige hänn giigt, daß i denkt hab, si däte dr Giigeboge vrbreche, un seller mit dr Trummle het druflos gschle-gelt, daß mr's nimmi het iwerhöre könne. Immer lut-ter isch dr Spektakel wore.

Jetz, hawi denkt, jetz! Wenn si jetz ufhöre, drno muesch klatsche. Gottseidank hawi nit gli klatscht. Kuhm hänn si uf'ghört ghet, het schun einer mit sinnere Giig widr ang'fange. Ganz liislig het'r z'erscht g'spielt. Drno hänn-em awer d'andere Dampf g'macht. Schun isch's schönscht Durchenander im Gang gsin. Immer lutter un lutter sin si wore. Dr Tirigent het sich abg'miäht, daß'r si alli het bändige könne. Uf eimol isch's still wore. Miislig still. Klatsche, het e inneri Stimm zu mir gsait, klatsche. Schun hawi d'Händ zammebätscht un hab klatscht un klatscht. Un wiä!

Do het mich minni Nochberi, selli Frau Dirrlisgiiger, awer anblitzt. Dr Tirigent het sich zue mir rumdrillt un het mich angluegt, wiä wänn'r mich erdolche miäßt. Do hawi g'wisst, daß i falsch klatscht ghet hab. Des Stickli isch noch lang nit fertig gsin.

Sit'r sellem Konzert bringt mich keiner meh so schnell zum Klatsche. I klatsch erscht, wenn e Huffe anderi z'erscht klatscht hänn. Bi dr Kultur isch's nämmlig wiä in dr Politik. Jo nit falsch klatsche!

Bim nägschte Konzert hawi mi tröschte könne. Do het d'Musik uf eimol widr so furios druflos päpert un giigt un trummelt, daß de 's eige Wort nimmi vrstande hesch. Un no isch's passiert. Uf einmol het d'Musik mit eim Ruck ufghört un 's isch wider miislig still wore-n-im schöne Konzertsaal. Un in diä Stilli nin het mr uf eimol g'hört, wiä d'Frau Hämpfili hinter mir zu ihrer Nochberi ganz lut gsait het: »Jo, minner Mann ißt d'Gällruewe au nit gärn!«

So isch's halt im Konzert. Do derfsch nit falsch klatsche-n-un derfsch di nit lut mit dr Nochberi unterhalte, wänn si emol so wild druflospäpere. Sunscht hucksch plötzlig blamiärt do un kannsch numme noch denke: »Jo Pfiffedeckel!«

's Krotteloch

Hitzedags muesch zeige, daß de nit vun geschtert bisch. Immer e paar Fremdwörter in dinni Red instreije, des isch gued un macht di intressant. »D'accord! D'accord!« sait seller, wo emol bi dr Franzose-n-in G'fangeschaft gsin isch. Anderi sage »o. k.«, wenn si mit ebbis invrstande sin. Des sin drno selli, wo's meh mit dr Amis hänn.

Mir hänn einer im Städtli, seller het sich mit dämm »d'accord« un dämm »o. k.« nit abg'funde. Seller isch meh fir unser gueds Alemannisch. Wenn seller meint, daß ebbis in Ordnung isch, drno sait'r: »Des isch okeili!« Deswege heißt'r im Städtli au nimmi dr Schang, wiä-n'r wirklig heißt. Jetz isch'r numme dr »Okeili«. Wenn-e d'Lit im Städtli treffe, ruefe si: »Duet's-es, Okeili?« Un dr Okeili briält iwer d'Stroß niwer: »'s isch Okeili!«

Sit'r dr letschde Wahl huckt'r au noch im Stadtrat. 'r schwätzt nit vil. Dodrfir duet'r meh denke. Mr merkt's jo nit immer, daß'r grad denkt. Awer des geht eim au mit andere so. D'Hauptsach, mr kann's ne an dr Stirn ablese. Dert geht d'Hutt mit ihre Falte uf un ab. Des isch dr Denkprozeß. Wenn seller abgschlosse-n-isch un alles wider glatt doliegt, wie-n-e See, wenn's ganz windstill isch, drno kann i abstimme lehn. Nit so bim »Okeili«. Seller hört sich alles an, awer 'r zeigt mit dr Stirn keini Reaktione. Numme manchmol hebt'r dr Kopf so e bissili schäpp, daß i denk, jetz wurd's endlig komme. Un drno kommt's au. 'r hebt dr Finger zum Zeiche, daß au bi ihm dr innere Prozeß abgschlosse-n-isch. Ich erteil-em 's

Wort, un drno sait'r numme: »Okeili«. Jetz kann i abstimme lehn.

Neilig isch e Professor, e gruusig studierter, bi uns im Rat gsin. Mit was fir Wörter der um sich g'schmisse het! Do hesch di ganz klein gfiehlt un hesch gspiirt, daß de au als Burgermeister eigentlig gar nix bisch. Awer drno hawi sellr Professor änneweg iwertrumpfe könne.

Dr Professor het's immer wider vun sellem »Biotop« ghet, seller wo mir unbedingt erhalte miän. »Retten Sie unsere letzten Biotope!« het'r gsait un het sinni Brill butzt. Dr »Okeili« het sich des e Wiili anghört, un i hab-em schu angsehn, wie's ne innerlig rum- und numdrillt het. Drno hett'r sich z'Wort g'meldet. Dismohl het'r sogar ebbis gsait. Er dät dem Herr Professor danke fir diä schöne Usfihrunge, het'r g'meint, un er hätt fascht alles vrstande, was der Herr Professor do vun sich gänn het. Numme sell mit sellem Diotopf oder wiä des Dingsdo heiße dät, sell dät'r nonit ganz vrstehn.

Do hawi ingriffe miän. Dr Burgermeister mueß immer ingriffe, wenn'r merkt, daß d'Stadträt nimmi ganz mitkomme. Do mueß mr si ganz vorsichtig uf dr räscht Weg bringe, will's doch sunscht bi dr Abstimmung amend lätz sin dät. Nadierlig git's au Fäll, wo d'Stadträt dr Burgermeister wider uf dr räscht Weg bringe. Awer in sonige Fäll mueß mr als Burgermeister so wiif sin, daß d'andere meine, mr hätt's us eigner Insicht g'schafft.

Dismohl hawi ingriffe. »Lieber Herr Stadtrat«, hawi gsait. I hab mi bigoscht fascht vrschneppert un hätt binah »Herr Stadtrat Okeili« gsait. Des derf mr nadierlig numme hälinge sage, wil mr jo bi dr andere nit »Herr Stadtrat Knuddli« oder »Frau Stadträtin Schappesdeckel« sage derf. Also hawi gsait: »Lieber Herr Stadtrat, e Biotop, des isch bi uns ganz eifach e Krotteloch!«

Dr »Okeili« het z'erscht mich, drno dr Professor angluegt un i hab g'merkt, wie's innem g'wuehlt het. Drno het'r gsait: »'s isch Okeili.« 'r het numme noch wisse welle, worum dr Herr Professor nit au »Krotteloch« sage dät. Ob dämm des nit iwer d'Lippe gehn dät oder ob'r meine dät, ihm dät diä Krott im Hals stecke bliewe? Do hawi dr Herr Professor angluegt, seller wo nit Alemannisch vrstande het, un hab an sinnere Stell gsait: »Jo, Pfiffedeckel!«

Im Tor

Dr Burgermeister kickt zamme mit zeh Stadträt gege-ne-Mannschaft vun lutter Pfarrer. D'Innahme vum Spiel sin fir dr neij Kindergaarte. Dr Burgermeister un d'Stadträt bombadiäre dr Kaschde vun dr Pfarrer. Awer eimol hebt dr Tormann dr Balle, eimol isch d'Querlatt im Weg un 's andermol dr Pfoschte. Schuß uf Schuß lehn si los, awer 's git kei Tor. Do sait dr Burgermeister zum Stadtrat Wädli, seller wo dr Mittelstirmer isch: »Do mueß doch bigott noch e anderer newe sellem Pfarrer im Tor stehn!«

D'Ampel

Wenn de Burgermeister were witt, muesch e guedi Kuddel han. Un erscht, wenn de's bisch! Mr sott's nit glauwe, was mr do alles glauwe mueß un was mr so dagus, dagin erlebt. Do kannsch manchmol lache, au wenn de gar nix z'lache hesch!

Mitte-n-in dr Nacht het bi mir's Telefon g'schellt. I hab's Telefon uf-em Nachdischli stehn, demit i au in der Naacht immer am Puls vun minne Bürger bin. Des isch wichtig. E Burgermeister mueß dr Puls vum Volk fiehle, un wenn einer naachts schellt, mueß mr dr Finger dranhebe. An dr Puls nadierlig, seller wo sich durch's Telefon äußert. Jetz het sich einer g'äußert.

»Hallo«, hawi gsait, wo-n-i in dr Finsteri vum Bett us 's Telefon g'funde ghet hab. »Was isch denn los?« Awer in minnem Telefon het's numme g'ruuscht un knackt.

»So«, het drno e Stimm gsait, »so. Hawi Sie emol drankriägt? Gell, des sich e schöns Konzert?« Drno het mr dr Mann am andere End, seller wo dr Puls vum Volk gsin isch, expliziärt, daß'r grad sin Telefon zum Fenster nus hewe dät, will mir vun dr Stadt selli Verkehrsampel vor sinnem Hus au in dr Naacht däte renne lehn. Diä Kaiwe-Auto däte-n-an dere Ampel quietsche-n-un hiilie-n-un giigse. Si däte stoppe, dr Motor nufjage, widr stoppe, noch emol mit-em Motor hiile, drufträtte-n-un glich widr stoppe. »Höre Sie's« het'r nomol gsait. I hab mr so räscht vorstelle könne, wiä der gued Bürger im Nachthämm am offene Fenster g'stande-n-isch un 's Telefon nusghebt het. Dr Wind het bestimmt durch's Nachthämm bloose. I hab lache miän, wo-n-i des denkt hab. I hab jo nit g'wißt, wer seller Bürger gsin isch. Awer dr Wind in sim Nachthämm, des sich fir mich schun e schöns G'fiehl gsin. »Höre Sie's?« het'r widr gsait.

»I hör's,« hawi briält. »I wurr iwer des Problemli nochdenke«. I sott nit nochdenke, het dr Mann im Nachthämm gsait. Wämmer im Rothus nochdenkt, dät niä ebbis G'scheits ruskomme. I sott ebbis mache. Handle sott i. Uf's Handle däts ankomme, nit uf's Schwätze. Dr arm Bürger sott i schitze un ihm sinni Rueh z'ruckgänn.

I hab nochdenkt. »Mir miän ebbis unternämme«, hawi zue minne Litt im Rothus gsait. »Sunscht loßt der Kaib minn Telefon noch e paarmol nachts schelle!« Mir hänn ebbis unternomme. Mir hänn selli Ampel eifach nachts abg'stellt. Miislig still wurd's jetz bi sellem Bürger sinn, selle wo-n-i inzwische nadierlig kennt hab. I wurr di kriäge, hawi denkt. Mit -ere stillg'legte Ampel wurr i di kriäge. Ganz still wurd's jetz bi sellem Stroßeneck sin. Nix wurd meh quietsche-n-un suuse-n-un knattere. Sellem wurd ebbis fehle, hawi fir mich denkt un hab mi gfreit. Do het in dr Naacht 's Telefon widr geschellt.

»Was isch jetz los?« hawi ins Telefon bruddelt un hab mi gmiätlig im Bett rumdrillt. I hab gli g'merkt ghet, daß-es widr seller mit sellere Ampel vor sellem Hus gsin isch.

»So«, het'r voller Entrischtung gsait, »so. Jetz isches bassiert!«

»Was isch bassiärt?« hawi wisse welle un hab mi im Bett ufgstibbert.

»'s het bätscht! Zwei Auto sin zammegstoße. Eins

isch ganz hi. 's ander isch au nimmi vil«, het'r am andere-n-end vun dr Leitung gsait.

»Schlimm, schlimm«, hawi g'schnuuft un hab mr vorgstellt, wiä us dem eine lädierte Auto so ganz langsam 's Eel unte-n-nus gloffen-n-isch und wiä bim andere 's Wasser kocht het.

»Schlimm!« het dr Mann am andere-n-End au gschnuuft un het gsait, daß ich alleinig schuld dran sin dät.

»Schuld?« hawi mi do ufg'regt. »Wieso soll i denn schuld sin, hä?«

»*Sie* hänn d'Ampel abg'stellt«, het dr Mann gsait. »Wenn diä au in dr Nacht g'loffe wär, wär jetz gar nix bassiärt. Diä Autöli hätte-n-e bissili g'wartet, bis-es vun rot uf Gähl geht, un drno hätt jeder Gas gänn un wär drvunbruust. Kei Schramme, kei Delle, kei Ufregung, kei G'schrei! Nix wär bassiärt, un mir könnte riäwig schloofe. Awer jetz? G'schrei un Lärm un Ufregung. Un alles numme wege-n-em Rothus. Wege-n-em Rothus sinnere bledsinnige Entscheidung, selli Ampel uszeschalte. Verstehn Sie mi?« Des het'r zum Schluß noch ins Telefon briält.

Do hawi z'ruckbriält: »Jo, Pfiffedeckel!«

Imitsch

»Könne Sie eigentlig noch riäwig schlofe?« het neilig einer ins Telefon briält, daß i an minnem Schribtisch ums Hoor ufg'wacht wär. Glauwe numme nit, daß i nit hellwach gsin bin. »Des v'rbitt ich mir«, hawi z'ruckbriält. »Erschtens wurd im Rothus nit gschloofe, un zweitens simmer ganz riäwig.«

Des isch-es jo, was-ne so ufrege dät, het seller mir ins Ohr briält. Uns däte jo nit emol G'spenster ufscheiche. Do hawi wisse welle, wäggeworum er so ufgregt sin dät.

»Wäggeworum?« het'r z'ruckgfrogt un het gli d'Antwort gänn. Do sott mr nit ufgregt sin, het'r g'meint, wämmer im Blättli lese dät, daß dr Burgermeister vun dr Nochberstadt bi sinnem Neijohrsempfang gsait het, daß'r jetz fir sinni Stadt e neijer Imitsch schaffe dät. »E Imitsch, hänn Sie's g'hört, Herr Burgermeister?«, het seller am Telefon döwert. »E räschter Imitsch. Un e neijer drzue!« Nadierlig hawi's g'hört, hawi gsait un hab seller Bürger gfrogt, wäggeworum er sich do so eschoffiäre dät.

Do sott mr sich nit eschoffiäre, het'r gmeint, wenn si in dr Nochberstadt e Imitsch mache. Wer könnt eim denn sage, was diä mit dem Imitsch alles anstelle. Ob si-ne eines Tags sogar uf unser Städtli loslehn? Ob sie e Käfig drfir baue odr ob si-ne frei rumlaufe lehn? »Iwerhaupt«, so het dr Bürger drno gsait, »was isch denn des, so-ne Imitsch?«

Do bin i g'huckt mit-em Telefon am Ohr un mit-em Imitsch vor mir. Jessemareije, hawi denkt, was könnt denn des sin? Was het dr Kolleg vum Nochberstädtli do schun wider usbaldowert? Sellem kamm'r jo nit iwer dr Weg traue. Wenn'r uns ebbis anduen kann, drno duet er's. Jetz kommt der au noch mit-eme Imitsch un will uns Angscht mache. Awer so schnell losse mir uns nit ins Bockshorn jage. Was e-n-Imitsch isch, sell mueß e Burgermeister eifach wisse, au wenn'r nonit genau weiß, daß'r's weiß. Deswege hawi genau sell g'macht, was i im Stadtrat immer mach, wenn einer vun dr Stadträt mich ebbis frogt un i weiß, daß i's nit weiß.

»Ja, also«, sag i in so-n-eme Fall, »des mueß mr z'erscht emol grundsätzlig betrachte. So vun alle Sitte. Drno kommt mr dere Sach schun näher. Un wämmer emol näher isch, drno isch schun vil g'wunne.«

I hab dr Telefonhörer widr fester g'hebt un hab gsait: »Also«, hawi gsait, »wenn i des ganz grundsätzlig betrachte due, drno mueß i schu sage, daß so-n-e Imitsch gar nix dappigs isch. Also, do kamm'r schun ebbis mit anfange, wämmer's rächt anfangt. Mr mueß halt mit dem Imitsch e bissili vorsichtig umgehn.«

»Guet, guet«, het seller am andere-n-End gsait. »Des leichtet mir jo alles in. Awer jetz sage Sie mir doch endlig, was so-n-e Imitsch isch.«

Do hawi gsait: »Jo, Pfiffedeckel! Des b'halte mir im Rothus fir uns.«

Gähler Rege

Wo-n-i noch e kleins Kind gsin bin, het mr minner Großvadder emol vun sinne witte Reise e großi Muschel mitbrocht. Diä isch so groß gsin, daß i si fascht mit zwei Händ hab hewe miän. Wämmer diä Muschel ans Ohr ghebt het, het mr 's Meer drinne ruusche ghört. Vun ganz witt her isch des Ruusche komme un het d'Welle vum große Meer un dr Wind vum witte Himmel bis ans Kinderohr trage un het mi ingspunne in sinni Märli un Gschichte. Fir mich isch's e räschts Wunder gsin, daß dr Großvadder mit dere glänzige Muschel des Wunder heimbrocht un mir uf dr Tisch glegt het. Manchmol bin i sogar in dr Naacht ufgstande-n-un hab mr d'Muschel ins Bett g'holt. Dert bin i drno in dr finstere Schlofstub gleit un hab mi vun dr Muschel vrzauwere lehn.

Eimol het uns dr Lehrer in dr Schuel vrzehlt, daß seller Leime, seller wo diä »Lößhügel« ufbaut het, au vun ganz witther komme-n-isch. Grad so wiä des Ruusche vum Meer in minnere Muschel. Us Ungarn, us sellere große, witte Ebini, hätt e großer Sturm vor millionischtuusend Johr denne fine Sand ufg'wirbelt un drno iwer ganz Eiropa wegtreit, bis zu uns. Bi uns hätt dr Wind drno alles lambe lehn, un dr fiin Sand sei uf selli kleine Hügili nabgriiselt, selli wo jetzt unser Städtli inrahme. Immer meh hätt's dänne fiine Sand zammebache, bis'r so-n-e fester Leime gsin isch, daß mr d'schönste Hohlweg het russchniide könne.

Uf sellem Leime, seller wo im Summer so warm wurd wiä-n-e guedi Hand, uf sellem wachst unser beschter Wiin. Un im Leime inne-drinne kannsch manchmol e schöner Knöpflistein finde. Des sin Stein, wo us-em Kalk zammebache wore sin un wo bigott so ussehn, wiä selli Knöpfli, selli wo d'Mueder us-em Salzwasser holt un uf 's Plättli legt, daß si dr Haseschlegel garniäre.

Eimol hämmer nit numme Knöpflistein g'funde. »Komme Sie schnell, Herr Burgermeister«, het einer ufgregt ins Telefon briält, »mr hänn im Leime e Totekopf gfunde.« Des Rätsel het sich schnell g'löst. Wo si mit-em Bagger un mit der Stechschuufle dr Leime weggrumt hänn, wil sie e Autogarasch in dr Hang hänn baue welle, sin si uf e Grab vun-eme alde Alemanne g'stoße. Vor ebene tuusendsechshundert Johr hänn si-ne dert beerdigt. Sogar sin Schwert het'r noch bi sich ghet. 'S isch quer iwer-em Skelett gleit. Un drnewe e Knöpflistein.

Wo selli vun dr Universität denne alte Alemanne un sinni Knoche-n-un sin Schwert rusgholt un in e Kischt g'legt hänn, demit si alles drheim untersueche könne, do hawi sellr Knöpflistein g'numme. Seller leit jetzt im Rothus bi mir uf-em Schribtisch. Uf eimol hawi wider ebbis zum Traime, wiä domols mit dr Muschel vum Großvadder. Wenn i dänne Knöpflistein in d'Hand nimm, drno duet'r alles wunderbar vrwandle. No siehn-i selli Alemanne vum kalte Norde rawandere in unseri Gegend, in sellere wo domols d'Römer uf-em Leimebode schun Rewe ghet hänn, will sie e gueder Wiin hänn trinke welle. Villicht het seller Alemann, seller wo mr jetz usgrawe hänn, sterwe miän, will'r im-e Römer dr Wiin weggnumme het. Kammer's wisse? Un drno siehn-i au seller groß Wind, seller wo dr Sand in dr Tundra ufgwirbelt un in-ere allmächtig große Wolk bis zu uns herg'wirbelt het.

Sage doch nit, daß-es so ebbis nit git. 'r miän numme d'Muschel froge, drno wurd si Eich schu d'Antwort gänn. Mir awer hänn nit emol e Muschel brucht. Bi uns het's eifach g'regent. Des heißt, nit grad so eifach. 's isch e gähler Rege gsin. Us heiterem Himmel isch'r komme, un gähl isch'r gsin. Wiä-n-e Wunder. Des Wunder kammer erkläre, hänn selli vun dr Wetterstation gsait. In däm Rege isch fiiner Sand us dr Sahara gsin. Un dänne het e großer Wind us Afrika iwer's Mittelmeer un iwer d'iisige Alpe bis zue uns hergwirbelt. Un jetz isch'r mit-em Rege vum Himmel keit.

Fir mich als Burgermeister isch des mitte-n-im alemannische Ländli e Sahara-Problemli wore. Kuhm isch dr Rege rabpflatscht gsin, het sich einer vun unsere Bürger bi mir beschwert. Sin Auto dät vun dem gähle Rege ganz v'rsaut sin.

»Was telefoniäre Sie mich an?« hawi gsait, »wenn's emol gähl regent? Welle Sie denn, daß-es rot regent oder schwarz oder amend griän?«

D'Farb dät-ne nit intressiäre, het dr Mann g'meint. Hitzedags dät's sowieso am beschte sin, wämm'r farweblind isch. Awer sin neis Auto isch uf-eme städtische Parkplatz g'stande, wo seller gähl Rege dr Lack vrsaut het. Un fir denne öffentlige Parkplatz dät doch dr Burgermeister verantwortlig sin odr nit? »Fihle Sie sich haftbar?« het'r mi gfrogt un het gli mit-em Rechtsanwalt g'wunke.

»Fir dr Parkplatz ja«, hawi gsait, »awer doch nit fir dr gähl Rege!«

Do isch dr Mann am Telefon erscht räscht lewendig wore. I hab grad gmeint, i dät sehne, wiän-nr vor lutter gählem Rege ganz gähl im G'sicht wurd. Fir was er denn eigentlig Stiire zahle dät, het r vun mir wisse welle. Daß mir iweral in dr Gegend Festhalle baue und Hallebäder, un daß mir nixnutzig Kunstwerker fawriziäre lehn, selli wo kei Mensch v'rsteht? Un drno wotte mir kei Geld meh han, um iwer dr öffentlige Parkplatz e Dach gege dr gähl Rege z'mache! Des dät uns grad so basse. Mir däte doch Schlappohre-n-im Rothus sin, diä wo großi Böge spaue, awer vor-eme kleine, gähle Rege kapituliäre.

»Haha«, hawi g'lacht, »was glauwe Sie denn, was so-ne Dach iwer dr Parkplatz koste dät!«

Des dät inne gar nit intressiäre. Er dät jo schließlig nit dr Burgermeister sin. »Sunscht froge-n'r jo au nit, was-es koscht«, het'r bruddelt un het gsait, daß'r mir in dr nägschde Däg diä Rechnung vum Autowäsche schicke dät. Drno könnt ich denne Schade reguliäre oder ich könnt inne emol kennelehre. Un drno het'r mir noch e Vorschlag zur Giäti g'macht, wo-n'r gsait het: »Schicke Sie diä Rechnung doch eifach in d'Sahara. No wurd dr Katz g'streit sin.«

Do hawi still vor mich hin g'lacht un hab ins Telefon gsait: »Jo, Pfiffedeckel!«

Kruzitürke

I hab schun e Wiili g'hört ghet, daß-es drusse-n-in minnem Sekretariat rumort un spektakelt. Wo's mr z'dumm wore-n-isch, hawi d'Tür ufgrisse-n-un bin nusgstirmt. »Kruzitürke«, hawi briält, »git's ball e Rueh!« Do awer het minni Sekretäri hinter ihrer Schribmaschin mit ihrer wohlbekannte Zeichesproch angfange. Si het z'erscht emol mit dr Ärm un dr Händ gschlegelt, wiä-n-e Huehn, des wo durch dr Gaarte fliäge will un änneweg weiß, daß-es nit fliäge kann. Drno het si dr räscht Zeigefinger an's root Mülili ghebt. Wenn si des emol macht, drno weißt i, daß i nix meh sage derf. Drno steht e Stadtrat hinter dr Wand oder 's isch einer am Telefon, sell wo uf-em Disch leit, un hört min Döwere mit.

Dismohl isch kei Stadtrat hinter dr Wand g'stande- un kei Telefon isch uf-em Schribtisch g'leit. Im Zimmer sin e Huffe Lit g'stande. Kleini un großi, dicki un dünni. D'Dickscht isch d'Mueder vun dere Famillje gsin, will si ball wider d'Famillje het vrgrößere welle. Si het e Kopftuech ufghet, des wo unterem Kinn zammebunde gsin isch. 's glichlig Halstuech het au 's klein Maidili umbunde ghet, sell wo sich an dr Mueder ihre dicke Buch anglehnt het. Drno isch dr Vadder komme. E großer, mächtiger Mann mit-eme breite Kriz un-eme Schnurrbart, wie-n-e dr Dschingis Kahn ghet het, wo-nr domols uf dr Gaul ghuckt isch, um gegen uns z'ritte. Newe-n-em Vadder sin drei Buewe gstande. Alli drei hänn d'glichlige schwarze Hoor g'het, wiä dr Vadder. Numme dr Schnurrbart het ne noch g'fehlt. Au d'Hutt in dr Gsichter isch schu fast wiä us Leder gsin.

I hab diä Famillje dr Reih noch g'mustert un hab drno gsait: »Was git's?« Do het dr Vadder vun denne losglegt. »Üni tüfetschi trümi, fügi hachi gnü« oder so ähnlig, het'r gsait, un ich hab Mul un Nas ufgrisse. »Hä?« hawi numme gsait. Do het schu d'Mueder angfange: »Fügi fügi hachi, nümi üni düni« het si uf mi losbläddert, daß i fascht vrschrocke bin. »Gehn emol z'ruck«, hawi kummediärt, un hab diä ganz Famillje so z'ruckg'schowe, daß i alli guet im Aug ghet hab.

»Wisse Sie, was diä welle?« hawi minni Sekretäri gfrogt. Awer selli het au nix g'wißt. Do hänn Vadder und Mueder schu wider zamme ang'fange un hänn mit ihrem »Hüti tüfetschi hachi« durcheinanderbabbelt.

»Still!« hawi briält. »So komme mr nit widerscht. Ich nix vrstehn Türkei!« hawi expliziärt. »Verstehn?« Un drno hawi des noch e bissili dittliger gsait: »Nümi tüfetschi hatschi düni«, hawi losgschwätzt un hab wider gsait: »Ich nix vrstehen. Vrstehn?«

Do isch's Wunder bassiärt. Dr türkisch Vadder het sellem kleine Maidili, sell wo sich bi dr Mueder an dr dick Buch g'lehnt het, e Schugger gänn, un 's isch zue mir herkomme. 's het sich e bissili uf d'Zehespitze g'stibbert un het drno im allerschönste Alemannisch zue mir gsait: »Mir sin zue Dir komme, will mr's in unserer Wohnung eifach nimmi ushalte. Diä isch so liädrig, daß dr Vadder gsait het, do drinne gehm'r kaputt. Un z'vil Geld koschtet si au.«

Ich hab e Wiili brucht, bis i wider minner alemannisch Vrstand ghet hab. Drno het mr des Maidli expliziärt, daß-es bi uns in d'Schuel gehn dät un daß si au uf dr Gaß mit viele ditsche Kinder spiele. »Un do hämmer des g'lehrt«, het's gsait un het g'meint, daß au sinni Briäder des Alemannisch guet schwätze könne. Selli däte sich awer vor-em Burgermeister nit trauwe. Drno hawi mi mit-em Vadder un mit dr Mueder unterhalte. I hab nit Hochditsch froge derfe, will sell klei Maidili des nit guet könne het. Numme Alemannisch het's guet vrstande.

Broot mr einer e Storg, hawi fir mich denkt. Jetz bringe mich bigoscht d'Türke sowitt, daß i in minnem eigene Rothuus alemannisch schwätze mueß. Un do hawi uf eimol g'schmunzelt. Des het dr Türk gsehne. Schu het'r wider »Nüni tüfetschi hatschi düni« gsait, un 's Maidli het's iwersetzt. »Dr Vadder het gsehne, daß Du g'lacht hesch«, het's iwersetzt. »Nüni trüni rützi«, het dr Vadder widerscht gsait, un 's Maidili het dolmetscht: »Jetz wurd's amend doch noch guet!«

's isch guet wore. Ich hab mr diä Wohnung vun denne Türke angluegt. Minni Burgermeister-Auge sin immer witter wore. »Wohnung« isch jo gar kei Usdruck fir denne Verschlag gsin. Nit emol d'Hiähner hucke bi uns uf so liädrige Stängli in so-me liädrige Stall. Un seller ditsch Husbesitzer, seller wo denne Stall an diä Türke vermietet het, het bigoscht noch d'Mieti pro Person g'rechent. Pro Person hundert Mark! I hab's z'erscht nit glauwe welle. Awer i hab mi iwerzeige miän. Do hawi denne Stall villicht usg'mischtet. Mr hänn denne alte Holzschopf als Wohnung g'sperrt un hänn seller Mann wege Mietwucher anzeigt. Un dr türkische Familje hawi zu-n-ere andere Wohnung vrholfe. Eini wo besser un billiger gsin isch.

Bal druf het selli Türkemueder ihr Kind kriägt un si hänn mi inglade, des Maidili anz'luege. I hab-em ebbs Schöns zum Anziäge un Ninpfeffere mitg'numme, un 's klein Maidili het minni Glickwinsch vum Alemannische ins Türkische iwersetzt.

I lueg manchmol bi denne Türke nin. Mit dr Hilf vun unserer Dolmetscheri babble mr luschdig mitenander. Uf-em Heimweg mueß i als denke, wiä schön des sin dät, wämmir Türkisch lehre däte oder noch besser, wenn alli Türke Alemannisch könnte. Wenn's noch arg lang geht, isch-es eines Tags amend so.

Wo-n-i des so denkt hab un d'Märktstroß nabgloffe bin, isch mr sell Türkemaidli, sell wo minni Dolmetscheri isch, entgegekomme. 's Maidli isch bi mir stehn bliewe, het mr d'Hand gänn un het drno gsait: »Herr Burgermeister, Kruzitürke!«

Ich awer hab gsait: »Jo, Pfiffedeckel!«

Deifel

Wiä des so isch in dr Rhinebini. Au im Städtli könne si numme arg härts Wasser liefere, des wo sovil Kalk in sich het, daß alli Warmwasserleitunge zuewachse. Immer wider mueß mr dodriwer dischkeriäre. Bim letschte Dischput het einer g'meint: »Mr mueß halt wisse, daß unser Wasser dr Deifel zwische dr Rippe het!«

’s Hallebad

Johrelang hänn si g’joomert un hänn uns ploogt. Mr bruche-n-e Hallebad, het’s iweral im Städtli g’heisse. Mit-eme Hallebad wurd mr erscht räscht g’sund, mit-eme Hallebad könne mr d’Nochberschaft iwertrumpfe, un mit-eme Hallebad däte d’Lit bi uns noch suuferer wäre. So un nit anderscht hänn si uf mir un uf-em Stadtrat rumg’hackt. Jedi Woch isch e Briäfli im Blättli gstande, un an dr Fasent sin selli alde Kerli vum Turnverein in selle klepprige Badmäntel vum Kaiser Wilhelm durch d’Turnhall marschiärt un hänn drno in knielange Bumbhose un mit Badkappe bis nab uf d’Ohrewatschle uf dr Biehni Freiübunge g’macht, daß sich d’Lit halb schäpp g’lacht hänn. Am Schluß hänn si sich d’Owerteiler vun selle zweiteilige Badanzieg ruszoge. Un was isch, vun Mann zue Mann, quer iwer d’Wämscht do g’stande? »Wir brauchen ein Hallenbad!« isch uf sellene ihrer bludde Hutt gstande, un d’Lit hänn nomeh g’lacht.

»Schluß jetz!« hawi in dr nägschde geheime Stadtratssitzung gsait, »Schluß!« Un drno hawi d’Stadträt gfrogt, ob mir des eigentlig nötig hätte un ob mir uns johrelang däte gege’s Schiinbein trätte lehn. »Im iwernächste Johr isch d’Wahl fir dr Stadtrat«, hawi gsait, »un do welle-n-Ihr doch alli wider nin. Oder amend nit?« Alli hänn mit dr Köpf g’wackelt. Ich hab g’wißt, daß dere Geiß schu gstreit gsin isch. Jetz muesch numme noch ufbasse, daß dr keiner in d’Queri kommt, hawi denkt, will doch drei Johr später d’Burgermeisterwahl uf’s Tapet komme-n-isch. Jetz muesch du d’Initativi ergriffe, hawi zu mir gsait, will i jo g’wißt hab, daß keiner meh drgege-n-isch.

Fir d'nägscht Stadtratssitzung hawi des Problem schun uf d'Tagesordnung g'setzt. Jetz het jeder g'wißt, was lanzt. Mir hänn alli des Liädli vum gsunde Hallebad gsunge, hänn e Rechnung uf-g'macht, selli wo mit viele Zueschüss vum Land, vum Kreis, vum Lotto und Toto un was weiß ich noch, au g'stimmt het. Daß des Bad au emol Wasser brucht, sell wo mr warm mache mueß, daß mr iwerhaupt heize mueß, daß mr des Wasser suufer halte mueß un daß mr Lit brucht, wo um's Becke rumstehn, demit nix bassiärt – sell het uns nit schiniärt. Sell wurd sich schu gänn, het einer gsait, wo-n-i diä Problemli e bissili andittet hab. Mir soll's räscht sin, wenn's sich's git, hawi denkt. Drno hämmer abgstimmt. 's isch keiner drgege gsin. 's hänn jo alli im iwernächste Johr wider im Rat hucke welle. Jeder het gwißt, daß mr mit-eme Hallebad guet ninschwimme kann.

Mr hänn e Architekt gfunde, seller wo uns so-n-e Zigarrekischtli g'molt un e Badwann do ninzauwert het. Au bim Präsidium, bim Landkreis un bim Lottel un Totel het alles klappt. Des Bädli isch baut wore. E Monet vor dr Stadtratswahl hämmer's eröffent. Ich hab gege d'Vorsitzende vun dr Fraktione bim Wett-schwimme g'wunne, un drno hänn selli Turner vum Turnverein, selli wo domols bi dr Fasent schun uftrette gsin sin, e Wasserballett hinglegt, daß-es uns alli fascht vrrisse het. Drno sind d'Lit in's Becke g'hopst und klein un groß, dick un dinn, alt un jung het g'schwadert, het briält un het sich gfreit. So suu-fer sind d'Lit lang nimmi im Städtli rumdappt, un de hesch miterlebt, wiä si immer g'sinder wore sind.

Uf einmol isch's us un vorbei gsin. Dr Badmeister isch zue mir ins Rothus komme-n-un het mr sin Leid klagt. Es däte immer weniger Lit ins Bad gehn, het'r gsait. Wenn'r d'Schuel nit hätt, drno dät's ganz lätz sin. Wo denn selli Briäli bliewe, selli wo uns johrelang wege-nem Hallebadbau ploogt hänn, hawi wisse welle. »Nix ze maxen«, het dr Badmeister gsait, wiä-n'r als sait, wenn einer nomol ins Wasser will, drwielschd schu Schluß isch. Vun selle Briäli dät mr keine meh sehn. Er dät alles prowiäre-n-un dät dr Lit schu flattiäre, het dr Badmeister gsait, awer 's wurd immer weniger. Bal druf isch dr Kämmerer komme-n-un het mr sinni Zahle zeigt. Ohlätzmattis! Mir hänn immer meh Geld in des Bädli ninpumpt, anstatt Geld in unseri Stadtkass gschwumme-n-isch.

I hab-im Stadtrat Bericht gänn un hab d'Zahle-n-uf dr Tisch glegt. »Z'erscht hänn selli g'joomert«, hawi gsait, »drno hänn si sich g'freit. Un jetz freije si sich, will *mir* joomere!«

»In dr Politik joomert mr nit, in dr Politik mueß mr handle!« het dr Stadtrat Knattli gsait, seller wo sinner Namme vun sinne O-Bein, sinnem dicke Ränzli un sinnem Mollikopf het. Awer in dem Mollikopf sin immer e paar guedi Gedanke gsin. »Handle«, hawi-n-e ufzoge. »Handle Sie doch emol. Mir hänn schun alles prowiärt, awr 's ziägt nix meh!«

Dr Stadtrat Knattli het dr Mollikopf e bissilli schäpp drillt, het dr Zeigefinger uf sinni Stirn glegt und het drno gsait: »Do miän e paar Nackigi her. Drno geht's widr ufwärts!« Un drno het'r so riäwig, wiä wänner d'Wasserabgabesatzung odr e neijer Bebauungsplan expliziäre dät, drvun gschwätzt, daß mir im Hallebad 's Nacktbade infihre miäßte. »No könne mr uns freischwimme«, het'r gsait, und no däte mir widr in d'schwarze Zahle komme. »Nackig un schwarz, des hämmer gern«, het einer briält.

I hab mi numme g'wundert. Vun wege-me Sturm der Entrüstung! Vun wege Proteschtl! Von wege moralischem Ufschrei, so wiä des noch vor Johre gsin isch! Wenn eim's Wasser am Hals steht, het einer vun selle, diä wo sunscht so zimperlig sin, gsait, drno dät mr jedi Krott fresse. Au wenn si bludd isch.

»Mir miän des reglementiäre«, het dr Stadtrat Schlauli g'meint, seller wo drheim Rechtsanwalt isch. Bi dem geht nix ohni Reglemang. »Nadierlig«, het dr Stadtrat Gschwolle zur Antwort gänn, »mir bruche-n-ebbis, wo mr uns dran hewe könne, wämmer emol eini vun denne Bludde hewe miän. E Badeordnung mueß her!«

No hämmer e Badeordnung bäschtelt. »Zu noch zu bestimmenden Stunden ist textilfreies Baden erlaubt«, het's do im-e Paragräfli g'heiße. »Ansonsten ist die übliche Badebekleidung zu tragen.« Wo mr des im Rat uf dr Tisch glegt hänn, isch's erscht losgange. Iwer 's nackige Bade hänn si sich nit ufgregt, awer iwer dr Text, denne wo mir im Rothus fawriziärt hänn. Ich sott-ere doch emol expliziäre, was so-n-e »übliche Badebekleidung« sin dät, het d'Frau Stadtrat Erbsli gsait, fir selli wo sell Nackigbade garantiärt niä in Frog kommt. Do bin i bigoscht zum erstemol vrlege wore. »Ha, so e Badhos halt«, hawi g'stottert und hab noch ebbis vun »üblich« dranghängt. »So«, het d'Frau Stadtrat Erbsli ganz spitzig g'frogt. »So? Un Sie meine, e Badhos dät ebbis übliches sin? So! Und was isch drno owedran an dere übliche Badhos, hä?« Do hawi mi schnell us dere Affäri zoge. So witt wiä d'Frau Erbsli hätt i nadierlig nit denkt, hawi gsait.

Nadierlig dät zue dere Hos au noch e Hämm g'höre. »E Hämm«, het si wiederholt, »e Hämm! Sie simmer e schöner Kerli, wänn Si im Hämm ins Wasser hopse!« Drno isch si z'friede gsinn.

Jetz het sich dr Stadtrat Brägili g'meldet. Er könnt des Wort »textilfrei« nit akzeptiäre. Des miäßt »nakkig« heiße, will mr des jo au meine däte. Textilfrei dät au gar nit stimme. Er hätt am Mittelmeer bi sellem Filmstar au schun e Badanzug us Leder gesehne. Un wämmer wirklig nackigi Stunde han welle, drno wott mr au kei Leder sehn. »Stelle-n-Eich emol vor«, het dr Stadtrat Brägili zum Gremium gsait, »stelle-n-Eich emol vor, Ihr gehn ins Hallebad, will'r endlig fir eier Geld emol ebbis sehne welle – un drno komme-n-Eich selli in dr Lederbadhose entgege, will Ihr ›textilfrei‹ vorgschriewe hänn.«

Do hämmer des »textilfrei« schnell umdrillt un hänn »Nacktbaden« g'schriewe. Dr Stadtrat Brägili het triumpfiärt, will er dr Fortschrittligscht gsin isch.

Jetzt bin i numme-n-uf diä bludde Tatsache gspannt. Wiä diä durch unser Bad wackle were. Geschtert isch einer zue mir an dr Tisch im »Löwe« g'ruckt un het mi gfrogt, ob ich-ihm au »die Freude eines nackten Angesichtes« biäte dät. Do hawi-em ins Gsicht g'lacht un hab gsait: »Jo, Pfiffedeckel!«

Beinarbeit

Bi uns im Rothus git's e guets Sprichwort, des wo do heißt: »Was dr Burgermeister nit im Kopf het, sell het dr Rotschriiwer in dr Bein!« 's isch bigoscht au wohr. Eimol mueß'r mir d'Akte nochtrage, 's ander Mol hawi 's Sacktuech vrgesse un'r mueß mr sin's leije, un wider emol mueß'r nomol z'ruck, will i d' Brill vrgesse hab un ohni Brill dr Stadtrat iwerhaupt nit sieh. Un us dr Auge vrliäre derf'sch dänne jo nit, sunscht gehsch als Burgermeister dr Bach na.

Nit daß 'r meine, mir Burgermeister miäßte numme d' Köpf von dr Stadträt sehn. Ha nai. Was selli im Kopf hänn, kannsch schu bi dr Beinarbeit sehn. Friehjer isch des noch vil eifacher gsin. Awer sitr mir zwei Wiiwer im Stadtrat hänn, hänn si mir des e bissili schwerer g'macht. Mir hucke-n-im Viereck am Ratstisch, un selli zwei Stadträtinne hucke mir genau gegeniwer. Deswege hämmer glich noch dere-n-ihrer Wahl selli Tischli vrblende miän. Diä hänn's nit liide könne, daß mir vun dr Vrwaltung ihri spitzige Knie un ihri schöne Wädli sehne. So ebbis gönnt mr uns nit. »Der Herr Bürgermeister wird eventuell abgelenkt«, het eini zur Begründung gsait. »Was heißt do abg'lenkt?« hawi zur Antwort gänn. »I wurr doch nit abg'lenkt – i wurr ehnder hing'lenkt!« Jetz hätte si mi awer vrwitscht, het d'ander Stadträti gsait un het gmeint, sie hätt schun immer 's Gfiehl ghet, daß ich so ebbis im Blick hab. »Pfiffedeckel packt's an!« hätt ich uf's Plakat bi minnere letschde Wahl g'schriiwe. Jetz dät sie langsam Angst bekomme. »Höre Sie emol«, hawi kontert, »uf sellem Plakat hawi doch dr

Neubau vun dr Kläranlag g'meint!« Drno hämmer uns g'einigt. Diä Tischli sin vrblendet worde.

Änneweg – d' Unterschenkel un d' Fiäß mit dr schwarze, dr rote, dr gähle-n-un dr griäne Schueh kann i immer noch guet sehn. Do delektiär ich mich an sellem, was selli in dr Bein hänn. Bi dr Stadträt kannsch an dr Bein ablese, was si im Kopf hänn. Do bruch i gar nit luege, ob einer grad denke duet oder ob's hinter sinnere Stirn liislig arweitet, will 'r sinni Wortmeldung grad geistig vorbereitet. Nai, numme-n-uf d' Bein luege, un schun weisch B'scheid. Z'erscht duet 'r d' Bein iwerenander schlage, will-em jetz e Idee komme-n-isch. Drno gehn d' Bein wiidr usenander, will diä Idee jetz zindet het. Schun fangt 'r an, mit dr Schueh z' kratze. Des isch e G'scherr, wiä bi-n-ere briädlige Huehn, selli wo gli druf gackerig vrkinde wurd, daß si e Ei g'legt het. Un gueti Eijer mueß mr jo au im Stadtrat lege. Selli, wo numme gackere un mit dr Fiäß scharre, selli komme nit arg witt.

Immer noch duen selli Schueh scherre. Drno wäre si widr samt dr Fiäß newenander g'stellt. Jetz kommt's gli, denk i so vor mich hin, jetz kommt's. Schu geht iwerem Tisch dr Finger fir d' Wortmeldung in d' Höchi. Drwielschd dr Stadtrat Firschi schwätzt un sinni Uffasung dittlig macht, fange selli vun dr andere Fraktion mit ihrer Beinarbeit an. Dr eind treppelt vor lutter Wuet uf dr Bode, will-em dr Stadtrat Firschi sell us-em Muhl g'numme het, was 'r nochher als eigini Erfindung het usgänn welle. D' andere duen so arg scherr-n-un schliffe, daß mr's bis zue mir her hört. Awer i kann nit vil mache. Gege d' Beinarbeit hämmer nonix in dr Geschäftsordnung vorgsehne. 's blibbt mr numme-n-eins iwrig. I ziäg minni usgstreckte Bein unterem Tisch her un klepf so lang mit dr Absätz vun dr Schueh anenander, daß jeder im Rat merkt, wiä-n-i sage wott: »Jo, Pfiffedeckel!«

Hoornodle

Mr dischkeriäre iwer seller Naturpark, zue sellem wo d'ganz Landschaft hinterem Städtli erklärt were soll. Do meldet sich dr Stadtrat Griänfueder, seller wo-n-e Buur isch, z'Wort un meint, des mit denne Naturparks dät nit so eifach sin. Vor allem nit fir d'Landwirtschaft. »Do kommt drno so-n-e Kavalier mit sinnere Madamm doher un geht ins hohe Gras. Un wenn si später wider furtgehn, het diä Madamm e paar Hoornodle v'rlore. Jetz kommt e Kueh doher un frißt's Gras mitsamt dr Hoornodel. Ball druf kriägt si 's Grimme. Alles vun dr Hoornodle vun sellere Madamm. Un drno miän mr si notschlachte. D'Kueh!«

's kleppert

Mir Burgermeister miän schun ebbis vrtrage könne. Do derfsch nit zimperlig sin, sunscht könnscht jede Dag grad us dr Hutt nusfahre. »Sie derfe nit so lang dischkeriäre lehn«, sait dr Stadtrat Riiwili, wämmer im Gemeinderat emol meh als zeh Minutte iwer ei Tagesordnungspunkt babbelt hänn. »Sie miän drzwischefahre. Numme-n-e kurraschiärter Burgermeister kann's Heft in dr Hand b'halte un Entscheidunge herbeifihre. Un Entscheidunge bruche mir!«

I wurr di schu kriäge, hawi denkt. Bi dr nägschte Sitzung bin i im Stadtrat Riiwili gli in d' Parade g'fahre, wo-n'r länger wiä fimf Minutte gschwätzt het. »Des hätte Sie awer nit duen derfe«, het'r bi dr Nochsitzung bim Viertili zue mir gsait. »Ich hab so gueti Gedanke ghet – un do hänn Sie mir 's Wort abgschnitte. Des geht eifach nit!« So, so, hawi denkt un hab mit-em angstoße.

»Sie miän ebbis gegen diä Falschparker duen«, sait seller Beck zu mir un zeigt mr driwe-n-uf-em Trottwar selli Autöli, wo dert im Halteverbot stehn. »Gehn e bissili meh gege die Falschparker vor«, hawi do minne Hilfsscheriffs gsait un hab sie ganz scharf g'macht. Schun am nägschte Dag het mi dr Beck antelefoniärt un het sich iwer dr Hilfsscheriff Knuddli beschwert. »Stelle Sie sich emol des vor. Do will doch e braver Bürger bi mir e paar Salzbretschle kaufe un stellt sin Auto vor minnere Ladedier ab. Un was bassiärt? Seller Knuddli kommt doher un vrtribbt mr d' ganz Kundschaft. So geht des jo nit.«

Ob'r mir denn nit geschtert erscht d' Nas uf d' Falschparker drufgstibbert het, hawi-ne g'frogt.

»Nadierlig«, het'r gsait, »awer wenn einer bi mir Salzbretschle kaufe will, drno kann des doch nit gelte!«

»Hänn Sie schu gsehne, daß drei Mann vum Bauamt um-e Loch rumstehn un numme einer drunte mit dr Schuufel schafft?« het mi dr Metzgermeister Schiifili gfrogt un het gmeint, daß ei Mann elleinig bigoscht au lange dät. Bal druf hämmer bi sellere Metzig e Leitung uswechsle miän. »Daß mr numme ei Mann hingeht«, hawi kummediärt. Do het dr Kapo vum Bauamt ufbegehrt un het gmeint, daß si mit eim Mann jo in drei Tag nit fertig wäre däte. »Numme-n-einer«, hawi gsait, »basta!«

Drno hawi uf's Telefon g'wartet. Bal schu het's gscheppert. Dr Metzgermeister Schiifili isch dran gsin un het gschnuuft, wiä wänner e halwer Ochs in sinni Metzig nintrage miäßt. »Was schnuufe-n'r so?«, hawi ganz schiinheilig gfrogt. »Was ich schnuuf?« het'r briält. »Do soll mr keini Gischterli kriäge. Ei einziger Mann steht drusse vor minnem Hus un schärrt mit dr Schufel rum un suecht noch-em Bickel. Des kammer jo nimmi mit anluege. Hänner denn nit meh Litt im Rothus, demit's e bissili schneller geht un minni Kunde widr in 'd' Metzig ninkomme?«

»Mir hänn meh Litt«, hawi gsait, »awer Sie hänn sich jo beschwert, daß immer glich drei Städtischi um-e Loch rumhucke. Jetz hawi diä Lit uf d' Löcher vrteilt. Mir höre nämlig uf 'd Meinung vun dr Bürger un lehn uns gern e gueter Rot gänn.« Drno hawi inghenkt un hab im Bauamt gsait, si solle noch zwei Mann zum Metzger sinnem Loch schicke.

D'Schönst isch awer widr emol d' Frau Dirrlisgiiger gsin. Telefoniärt diä mich doch mitte-n-in minnem heilige Fiirowe an und sait, bi ihre diät's kleppere. »Daß bi Ihnne ebbis kleppert, sell wundert mi jo nit«, hawi gsait. Ha nai, meint si. So au wider nit. Bi ihre dät nix kleppere. Des Kleppere dät vun sellem Kanaldeckel uf dr Stroß komme. Jedsmol, wenn e Auto driwerfahrt, dät's zweimol e Klepfer gänn. Zweimol! Bi Dag un bi Naacht. Si dät's jetz nimmi ushalte. Un wämmer's nimme ushalte dät, drno dät mr halt dr Burgermeister bruche. »Also«, het si drno gsait, »wenn seller Kaiwe-Kanaldeckel vor-em Huus vum Herr Burgermeister Pfiffedeckel kleppere dät odr vor-em Fenster vun-eme Stadtrat, also, drno dät mr schun e Weg finde, um dämm Übel an dr Krage z' gehn!« Bi dr eifache Bürger dät's jo nit so druf ankomme, het des freche Mensch drno noch gsait un het kichert.

»Basse Si uf, was Si sage«, hawi si verwarnt. »Keini Unterstellunge. Sell bitt i mr us. Bi uns herrscht Demokratie! Bi uns kann's iweral kleppere. Au bim Burgermeister un bim Stadtrat!«

»Jo«, het si gsait, »'s dät villicht ganz guet sin, wämmer so-n-e kleppriger Deckel emol in dr Stroß vor-em Rothus inbaue dät. Drno däte d' Städtische wengschens bi jedem Auto, sell wo klepperdi, klepperdi vorbeischnauzt, ufwache.«

Do het's mir awer g'langt. »Höre si mol«, hawi döwert, »jetz glauwi doch, daß-es bi Ihne kleppert. Un wenn Sie meine, daß uns e kleppriger Deckel vor-em Rothus störe oder gar zum Schaffe anrege dät, drno kann i numme sage: Jo, Pfiffedeckel!«

's Rezept

Mir bruche Bürger, diä wo mitdenke. Bürger, wo selbständig sin un nit alleritt noch-em Staat schreije, wiä d'Mammekindli noch dr Mamme. Des isch schun immer minni Red gsin. Jetz bin i uf so-n-e Bürger troffe. I hab sell Gschichtli vun sellere Frau vrzehlt, selli wo sich iwer dr klepprig Kanaldeckel vor-em Huus so arg ufgregt het un so vrgelschtert gsin isch.

»Haha«, het do uf eimol einer in dr Rundi gsait. Des dät fir Ihnne iwerhaupt kei Problem sin. »Vor minnem Schlofzimmer het au so-ne Deckel kleppert. Awer däm hawi's gänn fir's Kleppere. Bi mir isch Rueh!«

»Hänner Eich mit-em Rothus in Vrbindung g'setzt?« hawi ganz freidig wisse welle. Do het mi seller Mann villicht usg'lacht. Bim Rothus dät mr doch nix erreiche. Selli mit ihrem Stadtrat, mit dr Kommissione, dr Usschiß un selle Huffe Beamte. Do dät nix drbi ruskomme. Do dätsch erscht merke, was-es mit sellem Sprichwort uf sich het, des wo sait, daß dr Mann selwer ebbis sin mueß.

»Sie hänn sich selwer g'holfe?« hawi g'stuhnt. »Was hänn Sie denn g'macht?«

Do het mir der Mann expliziärt, wiä-n'r mit sinnem Sackmesser e paar Holzkeilili g'schnitzt het. Diä het'r drno mit-em Hammer am Rand vun dem klepprige Deckel rundum fescht ningschlage. »Un schun isch's mit dem Kleppere vorbei gsin!« het'r iwer d'Stadt triumpfiärt.

»Liäwer Mann«, hawi gsait un hab sinner Namme wisse welle. »Des isch des, was mir bruche. Nit immer gli noch dr Stadt schreije. Sich selwer helfe. In d'Händ spaue un fir Abhilf sorge. Des isch dr räscht Bürgersinn!«

»Vorsichtig«, het do seller brav Mann gsait. Des dät nämlig nit alles sin. 's Schönscht dät noch komme.

»Noch ebbis Schöns?« hawi g'stuhnt un hab uf diä Iwerraschung g'wartet. »Jo«, het do seller Mann gsait. »Wo-n-i uf dr Stroß selli Holzkeilili rundum unter seller Kanaldeckel g'schlage hab, do sin fimf Städtischi drumrum g'stande, hänn mir zueg'luegt un hänn mir e Huffe gueti Rotschläg gänn.« Ob ich als Burgermeister des amend au noch guet finde dät, het'r mi zum Schluß g'frogt. Do hawi numme gsait: »Jo, Pfiffedeckel!«

So isch's

E paar Burgermeister-Kollege unterhalte sich iwer ihri Ufgab als Standesbeamti un was mr do so alles erlebt. »Eimol hawi sogar d'Gripp g'hett«, sait einer. »I hab us-em Bett miän, numme-n-um zwei traue z'könne, denne wo's pressiärt het!«

Meint e Kolleg: »So isch's halt im Lewe. D'einde miän us-em Bett, demit d'andere nin könne!«

Nindappt

»Sell isch's bescht fir Politiker, wenn si am eigene Liib vrspiire, was si mit ihre G'setzer un Vrordnunge un allem sellem Paragräfli-Ziigs anstelle oder was si manchmol au vrhindere. So ähnlig het dr Weckli-Beck mit mir zedert un g'spektakelt, wo mr im »Löwe« bim Viertili g'huckt sin. »Mir vrhindere nix«, hawi gsait. »Un anstelle duen mr schun garnix!« Ob mir villicht nit e suferi Stadt vrhindere däte, will uns dr Schneid fehle dät, um endlig emol d'Hundestiir uf e vrnimpf-tigi Höchi z'bringe, het'r mi g'frogt. Grad hitere morge hätts in sinnere Bäckerei widr hundsmäßig gstunke, will d'Frau Dirrlisgiiger, selli wo jede Morge ihri paar Weckli holt, vorusse uf-em Trottwar in e mords Hundskegel nindappt gsin isch. I sott doch emol ufmerksam durch's Städtli gehn, het dr Weckli-Beck gmeint, un sott emol d'Nas uf's Trottwar nab-hänke. Drno dät i schun minni Wunder erlewe. Wämmer d'Politiker nit mit dr Nas druffstupft, het'r noch g'meint, drno däte si nit reagiäre. »Loß mi umkeit, Weckli-Beck«, hawi gsait, »du duesch wider emol iwertriiwe.« Mir hänn unser Viertili ustrunke-n-un ich bin wider minnem Rothiisli zue ge ebbis schaffe.

Dr Deifel soll's hole, hawi bruddelt, wo i driwe-n-uf-em Trottwar plötzlig g'rutscht bin un ums Hoor hinkeit wär. 's het alles nix g'holfe. I bin mitte-nin-dappt. Un d'Frau Dirrlisgiiger, selli wo grad bim Weckli-Beck ihri paar Weckli g'holt ghet het, het's bigoscht au noch g'sehne. Do hätt si schun lang druf g'waartet, daß ich emol so räscht nindappe dät, het si unschiniärt gsait un het mr au noch ins Gsicht nin-g'lacht. »Jetzt wäre-n'r villicht Vrständnis fir uns armi Birgerslit han, diö wo mir fascht jede Dag emol nindappe. Ihr könne jo numme mit-em Auto rumschnauze, do merkt mr's nit so. Awer jetz mit dr Fiäß emol so räscht nin, des g'schieht Eich räscht.«

»Lehn mich umkeit«, hawi gsait un bin schnell widerschtgange, demit i us-em Umkreis von dr Frau Dirrlisgiiger ihrer Gosch komme bin. Drwielschd i so furtgrennt bin, hawi mit-em Schueh fescht uf-em Trottwar g'schleipft un bin drno bi dr Anlage durch's Gras dappt. Uf-em Kieswegli am Rothus hawi d'Schuehsohle noch emol ganz fescht poliärt un hab e bissili ammer nuntergschmeckt, ob mr au nix schmecke dät. Des het sin miän, will i doch nindappt bin.

Drinne-n-im Rothus hawi e Schrei losglehn, wiä si noniä einer g'hört ghet hänn. »Komme her, ihr Schriiwer un ihr Finanzverwalter!« hawi briält, daß d'Wänd g'wackelt hänn. Vun alle Sitte un us alle Stubbe sin si z'renne komme. »Jesses, hänn Sie e Unfall ghet?« het minni Sekretäri ganz ufgregt gfrogt un het g'meint, 's Bescht dät sin, si dät emol e Konjak hole.

»E Unfall?« hawi si mit ihrer Chrischkindlisstimm nochg'macht, »e Unfall?« Drno hawi minner recht Fueß hochghebt un hab si gfrogt, ob si emol schmecke wott. Do isch si awer z'ruckg'huuft un het ganz entrischtet: »Awer, Chef!« gsait. Schun isch si vrschwunde gsin. Jetz bin i mit sellene, uf selli wo's ankomme-n-isch, endlig elleinig gsin. Jetz hawi Fraktur rede könne.

»Männer«, hawi gsait, »Männer! I bin voll nindappt.« Dr Rotschriiwer het e kleini Vrbeigung g'macht, het mi angluegt un het in sinnem schönste

Hochditsch gfrogt: »Wie bitte, Herr Bürgermeister?« Dr Finanzbolze awer het schun mit sinnem Grinse-n-ang'fange, will'r g'merkt het, daß-es fir inne ebbis z'erbe git. »Sie sin voll hiningedappt?« het'r uf Halbhochditsch gsait un het uf minner Schueh gluegt.

»Nadierlig«, hawi gsait. »Schmecke-n'r's denn nit? I bin voll nindappt in einer vun sellene vrdammte Hundsbolle. Mitte-n-ufem Trottwar isch'r g'lege. So-n-e Hundsgemeinheit, so-ne hundgsgemeini!«

»Do isch nicht der Hund schuld«, het dr Finanzbolze gsait. »Das geht mit dem Hundebesitzer heim!«

»Hör uf«, hawi gsait. »Mit mir isch des heimgange, mit mir. Awer Sie hänn räscht«, hawi jetz festg'stellt. »Dodran isch nit dr Hund schuld. Dr Hund zahlt jo au keini Stiire. Selli wo d'Stiire zahle, selli miän mr packe!«

Do het unser Finanzschenie nimmi knurrt un g'jault, wiän'r des als macht, wämmer-em z'vil Schulde hinblättere. Do het'r ganz fröhlig druflos bellt un het ein ums andermol gsait: »Mir werden sie erhöhen, mir werden sie kräftig erhöhen, die Huh--hu . . . hundesteuer!« Un schu het'r widr bellt.

»Des wurd nit so eifach gehn«, het do dr Rotschriiwer z'sage traut. »Dr Vorsitzende vun dr stärkste Fraktion im Stadtrat isch nämmlig vor einiger Zit uf dr Hund komme.« 'r hätt sich so-n-e kleins Dackili angschafft, un deswege dät der des mit dr Erhöhung bstimmt nit mitmache. Bi dr andere Fraktion dät's in dämm Fall besser gehn, het dr Kämmerer gmeint. Seller Fraktionschef hätt numme-n-e Vogel.

Drno hänn diä Herre mir e Vorschlag zur Giäti g'macht, wiä si gsagt hänn. Si däte sich jo iwer jedi Erhöhung freije. Awer jeder Politiker miäßt sich z'erscht emol in diä Lage vun dr andere ninversetze. Deswege däte si mir vorschlage, daß ich mr selwer mol e Hund anschaffe dät. Drno dät ich villicht Vrständnis fir selli Hundebesitzer ufbringe un dät mich eines Tags villicht sogar iwer's Nindappe freije.

»Iwers Nindappe freije?« hawi g'lacht, »do kann i jo numme lache! Hänn Ihr schun emol e Politiker g'sehn, seller wo sich iwer's Nindappe au noch freit? Nix do«, hawi gsait, »jetz wurd d'Hundsstiir erhöht. Awer zimpftig. Un wenn einer doherkommt un mit sinnem arme Hindli Mitleid schinde will, drno wurr i dem sage: Jo, Pfiffedeckel!«

Sicher

Dr Burgermeister isch Schirmherr bim große Sportwettbewerb. E paar, wo g'wunne hänn, welle-n-e Bild vun sich mache. Einer druckt im Burgermeister dr Foto in d'Hand und sait, 'r sott doch emol diä Grupp fotografiäre.

Dr Burgermeister macht des Bild, git dr Apparat wider z'ruck un sait: »I hoff, daß des e guets Bild git. I hab bstimmt nit g'wackelt!«

Sait einer vun denne Sportler: »Des kommt nit druf an. Der Foto isch idiotesicher!«

Lehrbue

E Burgermeister het niä usglehrt. Solang de im Rothus hucksch, bisch e Lehrbue. Ball jede Dag erfahrsch ebbis Neijs. Wenn de's guet anwende duesch, wurrsch immer besser.

Unser Feierwehrkommedant het mr noch immer ebbis beibrocht. Mit dr Feierwehr, zu sellere wo mir jo »Pumpje« sage, will mr noht an dr französische Grenz sellene ihr »Pompiers« iwernumme hänn, mit dr Feierwehr isch des jo so-n-e Sach. Diä Kaiwe muesch als Burgermeister behandle, wiä wenn de mit rohe Eijer schongliäre duesch. Do derf jo nix nabkeije. Un nabkeit isch's schu, wenn de emol »nai« sagsch. Si bruche-n-e neije Spritzewage. Nix wiä kauft! Si hänn e Leiter, selli wo numme zwanzig Meter nufdrillt wäre kann, un im Nochberstädtli hänn si eini mit drissig Meter. Nix wiä kauft! Bim letschte Für hänn si fascht 's Schnuufe vrgesse, un wäge dämm bruche si jetz so Maske, diä wo mr vor's Muhl hewe kann, daß mr wider Luft bekommt. Nix wiä kauft! Dr Kommedant isch bi-nere Tagung gsin un het dert e Motörli gsehn, mit sellem wo mr bigoscht iwer e vierstöckigs Hus niwerspritze kann. Nix wiä kauft!

So geht des in eim furt. »I mein, mr sotte-n-emol iwerlege, ob mr diä Schlich fir's neij Strahlrohr nit erscht im iwernägschte Johr anschaffe«, hawi bi dr Beratung vom Hushaltsplan z'meine traut. Do sin si villicht iwer mich hergfalle. »Herr Bürgermeister«, het einer, seller wo sunscht numme-n-Alemannisch schwätzt, ganz Hochditsch iwer dr Tisch briält, »wie können Sie die Einsatzbereitschaft unserer bewährten Feuerwehr . . .« Widerscht isch der gar nimmi komme, will alli druflosbabbelt hänn, wiä wenn's Rothus in Flamme stehn dät.

Mir hänn's Geld fir diä Schlich in dr Hushaltsplan gnumme, obwohl i g'wißt hab, daß vun dr alte Schlich noch e ganzer Huffe im Gerätehus leit, ohne daß si je emol naß wore sin.

Drno isch dr Kommedant vun dr Abteilung im Stadtteil Armebach zue mir komme, ge sich z'beschwere. D'Feierwehr vun Armebach isch jetz e Abteilung unserer Stadtfeierwehr, sit'r mr so e paar Dörfli ingemeindet hänn. Un selli in Armebach duen sich immer mordsmäßig ärgere, will selli Insatzgrupp vun dr Feierwehr us dr Kernstadt immer so schnell am Brandplatz isch, daß-es fir d'Armebacher nix meh z'spritze git.

»Also, des v'rbitte mir uns«, het dr Abteilungskommedant zu mir gsait. »Meine-n-Ihr, mir däte 's ganz Johr nix wiä übe un übe un uns uf e räschts Fiir freije? Un drno isch's endlig emol usbroche, un schu komme selli us dr Stadt un duen's lösche! Des mueß-en End han«, het'r gsait un isch noch e bissili nähder an minner Schribtisch g'ruckt. »Wenn's in Armebach endlig emol brennt, drno isch des unser Fiir. Hänn Sie vrstande? Mir fordere, daß Sie des denne Kamerade in dr Stadt beibringe. Diä hänn drheim z'bliiwe. Wämmer si bruche, wäre mr schu räschtzittig schreije!«

I hab's vrstande un hab im Kommedant vun dr Kernstadt gsait, si sotte sellene in Armebach doch ihr Fiirli losse. Ball druf het's in Armebach so räscht brennt. Selli Pumpje hänn gspritzt un gspritzt. Drno hänn si noch dr Kamerade us dr Kernstadt briält. Wo selli anbraust sin, het dr Kommedant vun Armebach zum Kommedant vun dr Kernstadt gsait: »Ihr Simpel. Wenn'r ehnder komme wäre, dät's Hus villicht noch stehn!«

D'letscht Woch isch dr Kommedant vun dr ganze Wehr wider emol bi mir gsin. »Was witt?« hawi-ne gli gfrogt, will i-em schun an dr Nasespitz angsehne hab, daß wider e neiji Anschaffung uf's Tapet kommt. Si däte ganz dringlig e Insatzwage fir dr erscht Trupp bruche. Seller könnt drno noch-em Alarm gli mit drei, vier Mann losschnauze un könnt unheimlig schnell mit-em Spritze-n-anfange. »Unheimlig schnell«, hawi gsait, »mueß i Dir sage, daß mr kei Geld hänn. Denne Insatzwage könne-n'r Eich us-em Kopf schlage. Der isch unnötig wiä-n-e Kropf!«

Do isch dr Kommedant gege mich vorgruckt. »So«, het'r mich nochg'macht, »so. Unnötig wie-n-e Kropf?« Un drno het'r seller Trick ang'wendet, selle wo-n-ich mir guet g'merkt hab, will mr jo niä uslehrt. »Stelle Sie sich emol vor, bi Ihnne drheim dät's brenne!« Bi mir drheim dät zwar öfters emol Fiir unterem Dach sin, hawi g'meint, awer brenne dät's niä. »Kammer's wisse«, het dr Kommedant gmeint. »Also stelle mir uns emol vor, bi Ihnne dät's räscht brenne. Des geht ganz schnell. Schun schlage d'Flamme iwerem Dach zamme. Un Ihr stehn in Eierem Gaarte un warte un warte. Awer kei Feierwehr kommt, will si jo seller schnell Insatzwage nit het. Wämmer denne awer hätte, drno wär des Fiirli schu g'löscht bis Ihr's iwerhaupt räscht gsehn hänn. So isch des!«

So isch's gsin. Ich hab des alles im Stadtrat expliziärt. Wo d'Stadträt ufbegehrt hänn, hawi gsait: »Minni Dame-n-un Herre. Stellen Eich emol vor, bi Eich drheim dät's brenne . . .« Des het zoge.

Geschdert isch dr Chirurg vum Krankehus bi mir gsin. Seller wo unsere Bürger dr Buch ufschniidet un si drno wider zammennaiht. Er het sich zu mir an dr Tisch g'huckt un het mit-em Schlisselbund kleppert, daß i au merk, daß'r ebbis will. Ich hab-ne awer gar nit z'Wort komme lehn. »Herr Professer«, hawi gsait, »stelle mir uns emol vor, ich dät morge friäh 's Buchgrimme kriäge-n-un dr Dokter dät sage, ich miäßt nix wiä ins Krankehus uf Ihrene Tisch, will's dr Blinddarm isch. Un drno däte Sie des ruckzuck mache, wänn Sie halt sell klein Apperätli hätte, mit sellem wo mr schniide-n-un naihje in eim kann. Un wenn Sie des nit hänn, könnte Sie so eifach nit garantiäre, daß minner Blinddarm nit doch g'fährlig wäre dät. Apperätli kaufe, oder amend sterwe, nit wohr?«

Do het dr Professor mit Kleppere ufghört un het mi gfrogt, wieso isch denn des wisse dät, was-r mir het expliziäre-n-un um was er mich het bitte welle. Genau des dät's nämlig sin!

Woher ich des wisse dät, des könnt ich ihm genau vrklickere, hawi gsait. »Ich hab nämlig e gueter Kontakt mit-em Kommedant vun dr Pumpje.« Do het mich dr Professor angluegt, wiä wenn'r sage wott, ob mir amend nit meh wie numme am Blinddarm fehle dät. Ich hab awer g'lacht un hab zue-nem gsait, daß ich mich fir diä Anschaffung vun dem Apperätli, mit sellem wo mr Mensche un au Burgermeister rette kennt, insetze dät. Dr Professor het sich bedankt un isch wider gange. Villicht weiß'r jetz, wenn'r des Gschichtli liest, was minner Blinddarm, seller wo si mir jo schun in dr Kindheit rusgschnitte hänn, mit dr Feierwehr z'duen het.

Dr Parkplatz

Hitzedags könnscht wege dr Autöli 's halb Städtli umkremple. Was hämmir wege dänne nit schu fir Schneckedänz g'macht. Awer kuhm hesch e Hus kauft un hesch's abg'risse, steht dr frei Platz schu wider voll mit dem Blech. Vun wege dert zwei Baimli hinsetze oder Gras saije. »Mir bruche keini Baim, diä wo d'Schaufenschter vrdecke-n-un im Herbscht mitem Laub 's ganz Trottwar versauwe. Mir miän Umsatz mache, daß-es bi Eich in dr Stadtkass klingelt!« Des sage mir d'Gschäftslitt rund um dr Kirchplatz un iwergänn mr schu d'nägscht Resolution.

Mir solle-n-e Parkhus baue, steht in dr Resolution drin. Drno dät's in dr Innestadt besser wäre. Awer sell Parkhus miäßte mr nadierlig so poschtiäre, daß mr bequem in einere Minutt im Metzgermeischter Schiifili sinni Metzig, im Weckli-Beck sinni Bachstub un im Gälruewe-Frieder sin G'miäslädili kommt.

»Wie sotte mr des denn anstelle?« hawi do z'ruckbriält. »Des isch jo gar nit z'schaffe!« Do hänn si mi g'frogt, ob *si* dr Burgermeister sin däte oder ich. Ob *si* bi jedere Wahl große Sprich mache däte, daß d'Problemer dodrfir do sin, daß mr si löst, oder ich. Ob *si* behaupte däte, si hätte 's Planungschinesisch g'lehrt oder mir uf-em Rothus, hä? So duen si stichle. Drno mache si d'nägscht Vrsammlung un hauwe wider uf uns rum.

»D'Litt fahre in d'Nochberstadt, will si dert bequem parke könne!« het mr geschtert einer in dr Märktstroß gsait und het sin Auto newe mir uf's Trottwar g'stellt, dert wo mr 's Anhalte absolut v'rbotte hänn. »Nadierlig«, hawi dämm ins Auto ninbriält, »in dr Nochberstadt hänn si au drusse-n-uf dr Wiis e großes Center hingstellt mit-eme große Parkplatz drumrum. Dert kannsch parke-n-un kaufe un wurrsch vun niemeds schiniärt!«

Do isch'r us-em Auto rusg'hopst, het mi am Kittel packt un het gsait: »Sell kann ich Ihnne sage, sell. E Center drusse-n-uf dr Wiis, sell kommt bi uns gar nit in Frog. Sunscht sinn Si lang gnue Burgermeister gsin. Bi uns wurd im Städtli drinne inkauft. Do git's nix!« So, so, hawi numme bruddelt un hab dran denkt, daß mr d'letscht Woch einer vrzehlt het, er dät grad dänne Briäli jedi Woch in dr Nochberstadt im Center bim Inkaufe treffe. »So, so«, hawi noch emol gsait un hab-ne g'frogt, wer denn im Center in dr Nochberstadt mit sinnem Superauto immer inkaufe dät. Jo, mit sellem Superauto, des wo jetzt grad newe mir uf-em vrbottene Trottwar stehn dät. »Oder amend nit?« hawi-ne gfrogt un hab-ne so scharf ang'luegt, wiän-i dr Stadtrat Fitzlibutz im Stadtrat anlueg, wenn'r wider emol mit-eme neije Wunschzettel rusruckt. »Ihr sinn jo au einer vun selle Verräter, wiä-n'r immer sage, selli wo in dr Nochberstadt ge inkaufe gehn!« Do isch'r ganz kleinlutt wore un het ebbis drvun bruddelt, daß mr jo nit 's ganz Lewe lang d'glichlige Weckli, d'glichlig Wurscht un 's glichlig Biär esse-n-un trinke kann. Mir miäßt jo au emol e bissili Abwechslung han, oder nit? 's isch räscht, hawi denkt und hab-ne stehn lehn. Uns Burgermeister isch nix im Lewe fremd, un mit dr Schiinheilige miän mir lewe.

Wo-n-i iwer d'Stroß bin, het mi seller Dachtili mit sinnem Großmogul-Auto fascht iwer dr Huffe g'fahre. »Kannsch nit ufbasse«, hawi briäle welle, do het'r schun 's Fenster nuntertrillt. »Des mueß ufhöre, des mueß anderscht wäre!« het'r rusbriält un het mr e Fuscht hindruckt!

Ich bin ans Auto un hab g'frogt, was anderscht wäre mueß. Er dät jetz mit sinnem Großmogul-Auto schun meh als e Viertelstund lang durch d'City fahre. »City«, het'r bigoscht gsait, will'r schun emol fir drei Tag in Neijork gsin isch. Mit hätte jo e schön's Karussell mit selle Einbahnstroße erfunde, het'r gmeint. Demit mr au schön Benzin vrfahre dät. Un nieneds au numme-n-e kleins Plätzli zum 's Auto abstelle. Iweral däte d'Auto stehn, wo-n'r au hingfahre-n-isch. »Des isch zum V'rzwiifle«, het'r briält. »Do schickt eim d'Frau zum Inkaufe, awer Pfiffedekkel. Nit emol ei einziger Parkplatz zum Parke duet mr finde!«

»Do kann ich Ihnne e gueter Tip gänn«, hawi voller Freid gsait: »Mir hänn dert newe dr Schuel e neijer Platz ang'legt. Dert git's Parkplätz gnue!«

»Daß i nit lach«, het do dr Herr Dachtili gsait, »daß i nit grad nuslach! Wenn i dert hinter dr Schuel park, drno mueß i jo ebene dreihundert Meter dappe, bis-i in dr Metzig bin. Des kammer doch mir nit zuemuete! Für mich kommt so-ne Strapaz nit in Frog. Kei Schritt«, het'r briält un het nomol mit dr Fuscht g'wackelt.

Drno dät's mi doch intressiäre, wiä-n'r des Inkaufe arrangschiäre wott, hawi wisse welle. Do het'r g'lacht un het gsait, daß'r wider heimfahre dät. Drno dät'r sinni Frau in d'Stadt schicke. »Selli isch's Laufe g'wöhnt«, het'r gsait. Un drno het'r mich bigoscht noch g'frogt, ob i des nit grad so mache dät. Do hawi numme gsait: »Jo, Pfiffedeckel!«

Dr Schriiwer

»Wägeworum hawi in dr Schuel schriiwe g'lehrt, wenn i jetz keini Leserbriäf schriiwe sott?« het mi dr Stadtrat Schnurrehowel g'frogt, wo i hab wisse welle, worum er denn fascht noch jedere Stadtratssitzung am nägschde Dag e Leserbriäf fir's Blättli schriiwe dät. Un drno het'r noch ebbis gsait, was'r numme bi dr große Politik kann g'lehrt han. »Mr mueß sich profiliäre«, het'r gsait un het sich in d'Bruscht g'schmisse, wiä wenn'r mir sin räschts Profil zeige miäßt.

Manchmol isch's schun e Kriz mit-em Schnurrehowel. »Was het dr Schnurrehowel wider g'schriiwe?« frog i minni Sekretäri, wenn i zwei Däg noch dr Sitzung ins Rothus komm. Des mueß i dert froge, will i drheim bim Kaffee zu minnere Frau sag: »Loß mi blos mit-em Schnurrehowel umkeit«, wenn si mir us dr Zittung sellem sinner Leserbriäf vorlese will. I mueß mi wehre, will minni Frau sunscht gli e großer Dischput wege dr Stadtratssitzung anfangt un mich frogt, um wieviel Uhr diä eigentlig z'End gsin isch. Des kammer doch niä so genau sage, wämmer mit so-nere Sitzung fertig sin. Un was geht des minni Frau an? Amend het diä dr Uftrag vun dr andere Stadtratsfrauwe, bi mir e bissili z'loschore, demit selli drno wisse, um welli Zitt ihri Männer eigentlig drheim hätte sin miän. Mit mir nit, denk i als, mit mir nit. Deswege spar i mir im Stadtrat Schnurrehowel sinni Leserbriäfli immer erscht fir's Rothus uf. Drno hawi glich am Anfang vun minne schwere dienschtlige V'rrichtunge ebbis zum Ärgere, zum Hiele oder zum Lache.

Do – schun isch's wider bassiärt. Meinen'r, dr Stadtrat Schnurrehowel hätt am Mäntig in dr Stadtratssitzung sich zum Wort g'meldet, wo mir iwer sell Problemli mit dr Anschliss vun dr Kanalisation dischkeriärt hänn? Pfiffedeckel! Kei Sterbenswörtli het'r gsait. Mucksmiisligstill isch'r dert g'huckt un het sich alli Uffassunge ang'hört. Numme eimol het'r sich ebbis ufgschriiwe. Aha, hawi denkt, jetz het'r dr Anfang vun sinnem Leserbriäf g'funde. So isch's drno au gsin. Wägeworum d'Stadt in-eme arme Bürger nit helfe sott, wenn seller emol dr Kanal voll het? So ebbis dät jo nit so oft bassiäre. Awer wenn's emol bassiärt, drno miäßt mr doch nit numme juristisch, sundern au e bissili sozial denke, het'r sich usdruckt. »Sozial«, het'r gschriiwe, un i hab grad gsehne, wiän-em e Tränli iwer dr Backe g'rennt isch. Do het's mi nimmi g'halte. I hab dr Stadtrat Schnurrehowel antelefoniärt. »Wägeworum hänn Sie denn in dr Sitzung nix gsait?« hawi wisse welle. Do het'r mich ganz schiinheilig g'frogt, ob 's Rothus denn uf sinner schön Leserbriäf keini Antwort im Blättli gänn dät. Des dät fir ihnne d'G'legenheit sin, noch emol e Leserbriäf z'schriiwe. »Jo, Pfiffedeckel!« hawi do gsait un hab g'meint, er sott halt in dr nägschte Sitzung 's Muhl ufmache.

Manchmol hawi jo dr Indruck, daß dr Stadtrat Schnurrehowel sinni Leserbriäfli schun vor dr Sitzung bi dr Redaktion vum Blättli abgitt. Wo-n-i dr Redaktör emol dodruf ang'redt hab, het seller numme grinst. »Redaktionsgeheimnis«, het'r ganz geheimnisvoll gsait, un i hab'em angsehne, was'r denkt het. Wämmer numme meh sonigi wiä dr Schnurrehowel hätte, het'r denkt. Drno brichte mir Redaktörli uns nimmi vil Miäh mache, daß d'Zittung am Zischdig voll wurd. Drno dät's bi uns immer so lewendig sin, wiä mir Redaktörli des gar niä hinkriäge.

Am letschde Zischdig bin i arg entteischt wore. Dr Schnurrehowel het kei Leserbriäf in dr Zittung g'het, obwohl am Mäntig Sitzung gsin isch. Wo i-ne in dr Stadt troffe hab, hawi-ne gfrogt, ob'r mit sinnem Profil schun am End sin dät. Villicht dät's em awer au an-e bissili Tint fehle, hawi g'lacht. Do könnt 's Rothus jo ushelfe.

»Nai«, het'r gsait, »'s isch nit wege däm. Ihr hänn mir kei G'legeheit botte, Burgermeister«, het'r gsait. Un sellere Frau Mimpfli wott er jo nit immer G'legeheit biäte, daß selli sich mit-ere Antwort uf sinni Antworte au profiliäre könnt. »Selli isch e Rooti«, het'r g'meint. »Un sellene ihri Sunn brucht nit immer ufgehn, wenn's endlig emol schwarz am Himmel wore-n-isch!« Des isch d'Meinung vum Schnurrehowel gsin. Drno het'r mich am Ärmel zupft un het gsait, i sott doch in dr nägschte Sitzung e bissili gege Ihnne loslege, demit'r wider e G'legeheit fir e Leserbriäf het. Do hawi g'lacht un hab gsait: »Jo Pfiffedeckel!«

Wirtschaft

Unser Landrat isch immer emol fir e gueti Idee guet. Manchmol duet'r si au bi dr andere Landrät abspickle. Sell macht awer nix. Bi uns Burgermeister isch jo au nit immer alles uf-em eigene Mischt g'wachse, un manchi Federe, diä wo mir uns an dr Huet stecke, sinn vun-eme fremde Guller.

Dismol het's dr Landrat mit dr Wirtschäftli ghet. Mir miäßte ebbis fir d'Wirtschaft duen, het'r im Kreistag gsait, un mir alli hänn z'erscht g'meint, 's dät-em um d'Wirtschaft im allgemeine gehn. Jo, Pfiffedeckel! Selli Wirtschaft, in sellere wo mr e guets Viertili trinkt, het'r g'meint. Mir miäßte diä beschte, g'miätligschte un suferschte Wirtschäftli prämiäre, het'r expliziärt, un mir Kreisrät sin gli alli uf-em Kiwiif gsin. Wenn's um sonigi Wirtschafte geht, simmir gli drbi. Dr Usschuß fir Kultur un Bildung het e Kommission bildet. Bi uns g'höre nämlig d'Wirtschäftli zue dr Kultur un zue dr Bildung. Wenn de keini Kultur hesch, duesch dr Wiin numme so nabsuffe. Mit Kultur awer duesch sirpfle un schlotze un schlecke, daß de dr G'würztraminer vum Müller-Thurgau au mit vrbundene Auge unterscheide kannsch. Un e Huffe Bildung bruchsch, wenn de rusbringe wottsch, ob sell Surrkrutt zum zweite- oder zum drittemol kocht isch. Bim drittemol wurd's nämlig bsunders guet im Gschmack.

Mit sellere Kommission sin si drno loszoge. Vun eim Wirtschäftli zum andere. Au d'Hoteller hänn si nit vrgesse. Ganz liislig sin si an so-ne Huus nag'schliche, hänn z'erscht d'Löcher im Trottwar inspiziärt un drno an dr Huusdier g'noddelt. E paar hänn in d'Blätter vun dr Geranie pfetzt, will mr jo hitzedags nit uf Anhieb feststelle kann, ob des richtigi oder künstligi Blueme sin. Drinne-n-in dr Wirtsstubb hänn si mit-em Finger priäft, ob au kei Staibli uf dr Lambrieje leit un hänn d'Flecke-n-uf-em Dischtuech zehlt. Drno hänn si wiä bim Ringelreihe abzehlt: »Ich un du, Müllers Kueh, Müllers Esel, der bisch du!!« Seller wo's drno troffe het, seller het dr Lokus inspiziäre miän. »Dr Abee isch's wichtigscht«, het dr Landrat gsait. »Wenn seller nit suufer isch, bruchsch di in dem Wirtschäftli gar nit zum Esse nahucke!« Des isch e gueti Philosophie. Wenn's uf-em Lokus gmiätlig un wohlig isch, drno bisch in-eme guete Huus! Ihr könne Eich jo vorstelle, was des bedittet, wämmer bi son-ere Tour ebene 180 Lokusser inspiziäre derf. Awer des mueß sin.

Nadierlig isch dr Lokus numme-n-e Teilaschpekt. In dr Kuchi hänn si d'Deckili vun dr Kochhäfe g'lupft un hänn d'Schublade us dr Känschterli ruszoge. Bi dr Hoteller sin si au in d'Fremdezimmer ge d'Deckbetter lupfe. Eimol hänn si e b'sunderi Freid ghet. Wo d'Kommission so-n-e Deckbett g'lupft het, isch bigoscht noch eini drinne g'lege. Meine-n'r, diä sin gli wider us-em Zimmer g'rennt? Vun wege! »Kommission!« het einer briält, un drno hänn si alli erscht räscht inspiziärt.

Wenn si 's ganz Huus durchgschnaigt ghet hänn, hänn si g'vespert. Si hänn sich d'Kaart gänn lehn un hänn alles ganz riäwig studiärt. Dr eind het drno Brägili g'esse, selli wo nadierlig »Bratkartoffeln nach Art des Hauses« g'heiße hänn, dr ander het sich an sellem Amlett mit Pfifferling delektiärt, un wider einer het prowiärt, ob diä Flädli in dr Supp nit schu 's Zämmelitte vum letschte Sunndig g'hört ghet hänn. Nadierlig hänn si au noch e guets Wiinli g'schlotzt un hänn sich so räscht gfreit, daß si alli in dere Kommission gsin sin.

Wo si des mit-em Wiinprowiäre vrzehlt hänn, isch mr sell Maidli in sellere schöne Wirtschaft ing'falle. Dert isch emol e großi Gsellschaft ing'falle un het gli ebbis zum Trinke welle. 's Maidli isch g'rennt un g'rennt un het sich alli Wünsch ufg'schriewe, will's jo g'wißt het, daß do lutter Kenner am Tisch hucke. Bal druf isch's Maidli mit-eme große Tablett voller Gläser mit-em guete Wiin komme. Unter jeds Glas het's e Zettili bäbbt ghet, demit's noch g'wißt het, was dr Miller vum Schutterlindeberg, dr Gutedel us-em Markgräflerland oder dr Riesling gsin isch.

Nadierlig sin diä Babierli bi dem Schwabble e bissili ufgweicht wore un sin au an dr Gläser bäbbe bliewe. Awer 's Maidli het jedem sin richtigs Wiinli präsentiärt. Numme ei Glas isch iwrigbliewe. Un bi sellem het's Babierli g'fehlt. Do hawi des vrzwiifelt Maidli angluegt un hab g'spanieft, wiä's sich jetz us dere Affäri ziäge dät. 's het jo nimmi g'wißt, was des fir e Sort gsin isch.

's Maidli het e bissili in das Glas mit dem gähle Wiin g'luegt, het's Glas vum Tablett g'numme un het drno durch d'Stubb briält: »Wer het noch e Viertili b'stellt?« Wo einer mit-em Arm g'wedelt het, isch's hing'rennt un het-em schnell des Viertili vor d'root Nas g'stellt. Seller Mann het g'strahlt un het ganz selig g'sirpfelt. Do kannsch lehre, wiä mr sich us-ere Affäri ziägt, hawi denkt un hab seller Spätburgunder g'schlotzt, seller wo-n-i gar nit b'stellt ghet hab.

's schönscht Gschichtli het mr dr Landrat selwer vrzehlt, wo-n'r d'Urkunde vun dem Wirtschaftswettbewerb vrteilt ghet het. Eines Tags sin si mit dr Kommission in-eme kleine Ortschäftli zu-n-ere Wirtschaft komme, selli wo wit drusse-n-in dr Landschaft g'legen-isch. D'Wirti het d'Wirtschaft fir dr Wettbewerb ang'meldet ghet. Newe-n-em Wirtshuus isch e Kapellili g'stande. In sellem Kapellili het jetz 's Glöckli anfange z'litte, wo d'Kommission nähder komme-n-isch. Kuhm sin si drinne in dr gmiätlige Wirtsstub gsin, isch au schu d'Wirti ang'rennt komme. Si het arg schnuufe miän. Diä isch awer ufg'regt, het dr Landrat denkt un het gsait, daß'r sich ganz arg freije dät, will mr sogar d'Glock littet, wenn diä Kommission mit-em Landrat kommt. Do het d'Frau Wirti noch emol g'schnuuft un het gsait: »'s isch nit wege sellem, Herr Landrat. Mir zwei sin ganz elleinig, minner Mann un ich. Dr Mann isch drusse-n-uf-em Feld ge Mischt spreite. Do hawi-em gsait, daß i 's Glöckli vun dr Kapell litte due, daß'r weiß, daß'r heimkomme mueß fir d'Kommission z'bediäne!«

Kunscht

'S het mi schun lang pfupfert, daß-es im Städtli so still un riäwig gsin isch. Wenn d'Litt nix iwer's Rothus z'schelte hänn, no isch des fir's Rothus e schlächts Zeiche. Numme dert, wo g'scholte wurd, geht's au firschi.

»'s bewegt sich nix«, het au dr Redaktör vum Blättli zue mir gsait, wo-n'r mich bim-e Viertili im »Rote Ochse« troffe het. »Sie hänn räscht«, hawi gsait, »ich sinniär schun e Wiili iwer denne unerfreiligi Zuestand noch!« Drno isch mr d'Idee komme. »Mann«, hawi zum Redaktör gsait, »i hab's. Wenn im Städtli gar nix meh botte-n-isch, drno mueß dr Burgermeister ebbis biäte. I hab's, i hab's!«

Ich sott-em jetz endlig sage, was mr do ingfalle-n-isch, het dr Redaktör gsait, will'r gwißt het, daß do villicht au e Brosämli fir's Blättli vum Burgermeister sinnem Rothusschribtisch rabkeije wurd. Ich hab-em expliziärt, daß mir beidi jetz e Komplott ufbaue miäßte. Sunscht däte mr jo allewiil gegenenander schaffe, awer dismohl miäßte mr schwer zammehalte. Do dät ebbis fir mich im Rothus russpringe un fir ihnne mit sinnem langwiilige Blättli au. »Oder finde Sie 's Blättli amend nit langwiilig im Moment?« hawi-ne g'frogt. Des dät schu stimme, het'r 'gmeint. Awer 's Rothus dät jo au gar nix biäte-n-un vum Stadtrat dät in dr letschde Zitt au nix meh komme. »Diä händle eifach nimmi. Wenn diä numme wider händle däte!« het'r gsait un het mit-em Kopf g'wakkelt.

»Basse Si uf«, hawi gsait, »so sieht unser Komplott us.« Seller Redaktör het ufbaßt wiä-n-e Häftlismacher, wo-n-i des expliziärt hab. Also, do het doch dr Landrat neilig e Wettbewerb fir e Brunne vor-em neije Landratsamt durchfihre losse. Nadierlig könnte diä numme ei einziger Brunne baue. Si hätte awer ebene fuffzig Entwirf bekomme. Einer vun denne Entwirf, diä wo nit in Frog komme, sueche mr uns jetz rus. Mr losse uns 's Modell gänn, 's wurd fotografiärt, un drno wurd seller Entwurfsbrunne in e Fotografie vun unserem Rothusplatz ninmontiärt, daß mr unser Rothus drhinter grad noch sieht.

»Burgermeister«, het do dr Redaktör gsait, »Ihr sin bigoscht raffiniärt! Awer jetz derf ich au raffiniärt sin. Mir miän die Sach ganz ghäb anfange, un drno losse mr si eskaliäre!« Diä Kerli miän jo immer mit so usländische Wörter um sich schmisse. Awer ich hab-ne eskaliäre lehn. Mir hänn uns seller Entwurf vum Landratsamt bsorgt, hänn selli Fotomontaasch g'macht, un schun het dr Redaktör im Blättli los-g'legt.

Am Zischdig het'r e Artikili brocht, iwer sellem wo ganz groß g'stande-n-isch: »Bürgermeister Pfiffedek-kel denkt nach!« Ebbis g'naus dät mr nonit wisse, het'r gschriiwe, awer e G'spräch mit-em Burgermei-ster hätt's an dr Dag brocht, daß-er nochdenke dät. Si däte mit ihrem Blättli dere Sach uf dr Ferse bliewe.

Des isch schun emol d'erscht Bomb gsin. Kuhm isch's Blättli im Städtli vrteilt gsin, het mich dr Stadt-rat Spitzli antelefoniärt. Des dät jo fir ihnne s' Neischt sin, daß ich denke dät. Un au noch nochdenke! Des het'r mir am Telefon gsait. Ich hab-ne awer schwätze lehn un hab gsait, daß'r halt waarte sott. »Waarte«, het'r briält, »e Stadtrat kann nit waarte, wenn dr Burgermeister nochdenkt. So ebbis kann g'fährligi Usmaße annämme!« Ich sott-em sage, iwer was i nochdenke dät, het'r ganz amtlig vrlangt. »Des weiß i doch selwer nit«, hawi g'lacht. »Do miän Si selli vum Blättli froge!« I hab g'merkt, wiä-n-r g'schnuuft het. »Aha«, het'r drno gsait, »der Herr Burgermeister losse vun selle vum Blättli vordenke. Do wurd jo ebbis Schöns drbi ruskomme!«

Dr Stadtrat Spitzli isch nit dr einzig gsin, der wo an sellem Morge mit mir telefoniärt het. Drno hab ich mit-em Redaktör telefoniärt. »'s wurd guet«, hawi gsait. »Jetz awer nix wiä rus mit-em Bild!«

Am nägschte Dag isch selli Fotomontaasch im Blättli gsin. Do hesch im Hintergrund unser Rothus gsehn, drvor 's Plätzli un mittedrin sell groß Wasserbecke, sell wo wiä-ne Teigschissel ussieht. Am Rand vun dem Becke sin selli drei vrdrillte Säule us schwarzem Granit g'stande, us sellene wo's Wasser ruusprudle sott. Diä eind Säul het sich noch links drillt, diä ander nach räschts. Un selli in dr Mitti het sich 's Drille noch e bissili iwerlegt. Deswege het si unte wiä-n-e Schruub angfange, isch in dr Mitti ganz bucklig wore-n-un het drno ganz owe an dr Spitz e G'fräß g'macht, daß de fascht hättsch meine könne, seller Kinschtler het's G'sicht vun dr Frau Dirrlisgiiger kennt.

So dät sich dr Burgermeister Pfiffedeckel diä Gestaltung vum Rothusplatz vorstelle, het dr Redaktör expliziärt un het glich noch g'schriewe, daß diä drei Säule fir dr Burgermeister e Symbol sin däte. Ich hab zwar niä ebbis vun-eme Symbol gsait, awer diä Kaiwe vun dr Zittunge mache jo manchmol noch ebbis bessers us unsere Gedanke wiä mir Burgermeister selwer ahne. E Symbol däte si sin. E Symbol fir d'Zammearbeit im Stadtrat. E Symbol fir Harmonie un guete Wille! E Symbol awer au fir »jene Unbeugsamkeit, die aus jeder dieser herrlichen Säulen spricht.« Wo d'Litt des im Blättli g'lese hänn, do isch g'nue Hai drunte gsin. Jetz isch's im Städtli losgange. Wo immer drei zämme-g'stande sin, hänn si's vum Burgermeister sinnere Furz-Idee mit sellem vrruckte Brunne ghet. »Des sin keini Säule«, het einer briält, wo-n-i d'Märktstroß nufgange bin, »des sin Beleidigunge!« Ob ich eigentlig glauwe dät, daß mr fir so vrdrillti drei Stange au noch 's Geld vun dr Stiirezahler ins Wasser werfe derft, het einer g'meint und het mr dr Vogel zeigt.

Im »Rebstöckli« het dr Schang sinne Freind expliziärt, was-es mit denne drei Säule uf sich het. »Also«, het'r gsait, »d'erscht Säuli stellt unser Burgermeister dar, wiä n'r sich drillt un windet, wenn'r uns Bürger beibringe mueß, daß si dr Wasserpriis wieder emol in d'Höchi schruuwe.« Die zweit Säule dät dr Stadtrat darstelle, seller wo sich vum Burgermeister nit numme dr Kopf, sundern alli Knoche vrdrille-n-un vrbiäge loßt, bis'r macht, was'r will. »Un drno loßt'r au noch Wasser driwernab riisle, daß-es, wenn d'Sunn us-em Rothus schiint, e bissili glitzert un glänzt!«

I miäßt jo stuhne, hawi gsait, wiä dr Schang in dr hittige Kunscht Bscheid weiß, un was'r alles us dänne Säule ruslese dät. Jetz dät i numme noch g'spannt sin, was selli dritt Säule fir dr Schang beditte dät. »Selli Dritt?« het dr Schang briält. »Selli sin mir Bürger, diä wo mr uns vun Eich so vrseckle lehn, daß mr schun nimmi wisse, was krumm un grad isch. Awer eins isch guet an dere Säule«, het'r noch gsait. »Diä isch nämlig us Granit, so wiä mir alli sin. Un an uns wäre-n-Ihr Eich noch d'Zähn usbisse! Ihr mit Eierer Kunscht!«

Liäwi Litt! Ihr glauwe's nit, was im Städtli los gsin isch und wiä's im Blättli Leserbriäfli g'hagelt het. Tagelang het's nix anders gänn, wiä dänne Brunne, dänne wo's gar nit gänn het. Drno het selli Fraktion, selli wo sich immer so arg um dr Fortschritt im Städtli kimmert, e Anfrog im Stadtrat inbrocht. Wieso dr Burgermeister eigentlig drzue komme dät, ohni dr Stadtrat z'denke, het's in dem Antrag g'heiße. Wägeworum dr Burgermeister an-e Brunne denke dät, dänne wo nit emol er selwer vrsteht? Ob in unserer vrdrillte Zitt nit e unvrdrillter Brunne dr Bürger uf dr räscht Weg helfe dät? 's einzig, was mr akzeptiäre könnt, dät diä Tatsach sin, daß diä Säule schwarz sin sotte. Awer schwarz elleinig derft jo nit alles sin. E bissili miäßt mr au bi der Kunscht schangschiäre.

Nadierlig hämmer denne Brunne mit sellene abstrakte drei Säule nit b'stellt. Dr Redaktör un ich hänn 's Städtli noch e bissili dischkeriäre lehn. Drno hawi im Stadtrat dere Ufregung e-n-End g'macht. »I hab numme welle, daß mr alli e bissili nochdenke«, hawi gsait. »Iwer d'Kunscht, iwer uns selwer un au dodriwer, daß dr Platz vor-em Rothus eigentlig e Brunne vrtrage könnt.«

Mr hänn jetz e Brunne uf-em Rothusplatz. E Gänseliesel het uns einer us Schwarzwaldgranit rusg'meißelt un het si schön poliert. Des Maidli steht uf-em

Sockel im Brunnebecke un het e Gans im linke Arm. Us-em ufg'sperrte Schnabel vun dere Gans sprudelt 's Wasser nab ins Becke. Des vrsteht e jeder! Vor-em Rothus wurd's Muhl ufg'sperrt, un drno sprudelt's rus. 's wurd schun ebbis räschts sin, was do allewiil russprudelt.

Kundedienscht

Dr Burgermeister steht am Postamt. 'r isch drbi, am Automat Briäfmarke rusz'lehn. Do kommt e aldi Frau doher un sait: »Oh, losse Si mir doch au gli e Briäfmark rus. I hab d'Brill vrgesse.«

Dr Burgermeister loßt diä Mark rus un git si dr Frau. Selli git si awer wider z'ruck un meint: »Jetz hänn Sie si schun rusdrillt, jetz könne Sie si au noch drufbäbbe!« Dr Burgermeister bäbbt si druf, lacht un sait: »Soll i dr Briäf au noch gli ninschmisse?«

Sait d'Frau: »Ja, hänn Sie ebbis anders denkt?«

D'Keschdebaim

»Jetz hämmer dr Breschde«, hawi zu unserem Stadtgärtner gsait, wo seller ins Rothus komme-n-isch un mir expliziärt het, daß selli drei Keschdebaim im Schuelhof rus miäßte. »Diä sin innerlig ganz fuul«, het dr Gärtner gsait. Diä däte e G'fahr fir d'Schuelkinder beditte, un er dät keini V'rantwortung drfir iwernämme, daß diä Baim nit bim nägschte Sturm umkeije däte. Oder 's dät emol in dr Paus so-n-e dikker Ascht nabkrache un dät villicht e Kind totschlage. »Um's Himmels wille«, hawi gsait, »numme sell nit. Sell kann i e halbs Johr vor minnere nächste Wahl schu gar nit bruche. Diä Baim miän rus!«

Also, si däte diä drei Baim morge absäge-n-un d'Wurzle rusrisse, het dr Gärtner g'meint un het furtstirme welle. »Halt! Halt!« hawi hinter-em herbriält. »So schnell kammer so ebbis hitzedags nimmi mache. E Baum absäge un umrisse, des git jo e mittleri Revolution!« Do dät als erschti d'Frau Dirrlisgiiger ang'rennt komme. Un drno dät selli Hopseri im alde Winkel d'Zittunge v'rruckt mache, un im Stadtrat dät's nadierlig au e Ufruhr gänn, will selli gli spiire däte, daß mr do ebbis in d'Schiire fahre kann. Bi mir drheim dät Tag un Nacht 's Telefon litte un minni Frau dät vrzwiifle, hawi widerscht expliziärt.

Do het dr Gärtner wider mit selle toote Kinderli ang'fange, selli wo vum Baum vrdruckt wäre, wenn'r emol umkeit. »Ich lehne jede Verantwortung ab«, het'r noch gsait un het mir selli Verantwortung eifach uf dr Schribtisch g'legt. Ich bin jo g'wöhnt, daß alles immer an uns Burgermeister hänke blibbt. Awer dismohl het mi d'Verantwortung doch zuppelt un bubbelt.

»Mir miän diä Sach diplomatisch angehn«, hawi zum Gärtner gsait. »Mir miän z'erscht emol diä Basis ufkläre!« Des hawi nämlig mittlerwiil g'lehrt ghet. Mit dr Basis fangt alles an. Wenn de d'Basis nit estimiärsch, bisch gli v'rlore.

Fir mich isch d'Basis z'erscht emol dr Rektor vun sellere Schuel gsin. Dem hawi des Problemli unter viär Auge erklärt. Des isch e fortschrittliger Rektor gsin. Deswege het'r au e Bart g'het. Un denne Bart het er sich jetz zuppelt. Also des, mit dr G'fahr fir sinni Kinderli, dät'r jo vrstehn, het'r g'meint. Awer er elleinig könnt des nit entscheide. Do miäßt'r z'erscht emol d'Lehrerkonferenz froge. »Froge Si«, hawi gsait, »in e paar Tag komm i wider!«

Noch e paar Tag het'r mi antelefoniärt un het gsait, d'Lehrerkonferenz dät v'rlange, daß ich des Problem vortrage un fir e Diskussion zur V'rfigung stehn dät. So hämmer's g'macht. Drei Stund lang hawi mit denne wege dänne drei kaputtige Baim dischkeriärt. Fir jeder Baum eini Stund! Drno hänn si gsait, daß mr des jetz mit-em Elternbeirat dischkeriäre miäßt un daß si erwarte däte, daß ich do au zur V'rfigung stehn dät.

Was soll i alles krottebreit v'rzehle! Ich bin im Elternbeirat gsin, drno bi dr Schiälermitverwaltung, drno in dr gemeinsame Konferenz vun dr Lehrer, dr Eltere un dr Schiäler, un drno noch emol vor dr Lehrerkonferenz. Dr Stadtgärtner het zamme mit mir Red un Antwort stehn miän, un z'letscht bin i mr selwer noch wiä-n-e Schuelerbue vorkomme. I bin ganz noht dran gsin, daß mr dr Krage platzt isch.

Do hänn si im Stadtrat Alarm gänn. Ob es stimme dät, het d'Stadträti Triiwili in dr öffentlige Sitzung ganz spitzig g'frogt, daß ich, dr Herr Burgermeister, diä Brutalität ufbringe un Hand an drei unschuldigi Baim lege dät? Wo-n-i zu-nere Antwort hab ushole welle, het schun dr Stadtrat Immergriän vun dr andere Fraktion d'Hand g'hebt un het gsait: »Zur Geschäftsordnung!« Er dät beantrage, daß mr des ganze Problem an dr Kulturusschuß vrwiise dät, will des jo noch gar nit fir d'Abstimmung riff sin dät. Dert könnt mr sich iwer diä Baim unterhalte un könnt sich diä Baim sogar anluege.

Was soll i noch krottebreit vrzehle! Mr hänn alles im Kulturusschuß dischkeriärt. Dr Usschuß het e gemeinsami Sitzung mit dr Lehrerkonferenz b'schlosse. Wo selli rum gsin isch, hänn d'Schiäler ufg'muckt, will mr si nit au noch ang'hört het. Also het dr Usschuß au noch d'Schiäler g'hört. Drno isch's endlig sowit gsin, daß mr des Problem im Stadtrat hänn behandle könne.

Drei Stund vor dr Stadtratssitzung hänn selli Griäne uf-em Rothusplatz e Tischli ufgstellt un hänn e Plakat drhinter g'hänkt, uf sellem wo g'stande-n-isch: »Sind Sie für den Mord an Bäumen?« Si hänn d'Lit unterschriiwe lehn. Nadierlig isch keiner fir dr Mord an dr Baim gsin. Im Triumpfzug hänn si mr e paar Minutte vor dr Sitzung selli 120 Unterschrifte brocht un hänn mi g'frogt, wiä ich mich so als Mörder fihle dät.

Fascht e Stund lang hämmer iwer diä Baim dischkeriärt. I hab gsait, daß mr jo glich noch-em Umhaue wider neiji Baimli setze däte. Awer 's het alles nix g'nutzt. Bi dr Abstimmung hänn diä Baim stehn bliewe miän.

Wo mr noch dr Sitzung im »Löwe« bim Viertili g'huckt sin, isch dr Stadtgärtner ganz ufgregt z'renne komme. 'r het mich uf d'Sitt g'numme un het gsait, daß vorhin an eim vun selle Keschdebaim e ganz großer Ascht rabkeit isch. Gottseidank isch's schun Naacht gsin. Do het's kei Kind treffe könne. Do hawi eini vun minne berihmte Eilentscheidunge troffe. »Höre Sie«, hawi zum Gärtner liislig gsait. »Morge friäh um sechsi wäre diä drei Keschdebaim umg'legt. Säge si zamme, fahre alles gli furt un duen, wenn's ganz heiter isch, gli drei neiji Baimli pflanze!«

So hämmer's g'macht. D'Zittunge hänn wengschens fir drei Woche ebbis z'schriiwe ghet. D'Frau Dirrlisgiiger het uf dr Märktstroß richtigi Schneckedänz ufg'fihrt. Drno isch's langsam wider still wore.

Jetz sin fimf Johr vorbei. Selli Platane, wo mr fir d'alte Keschdebaim g'setzt hänn, sin schu mächtig groß un strecke-n-ihr Blätterdach iwer dr Hof. D'Kinder duen drunter hopse-n-un lache. »Eigentlig«, so het dr Rektor vor e paar Tag zu mir gsait un het sich iwer dr Vollbart gstriche, »eigentlig dät dr Hof mit denne neije Baim jetz vil schöner sin. Un vil griäner!«

Do hawi-ne g'frogt, ob'r nit e Aktion starte wott, bi dere wo d'Litt mit ebene hundert Unterschrifte sich bi mir fir diä schöne, neije Baim bedanke duen. Wisse-n'r, was dr Kaib vun Rektor do zue mir gsait het? »Jo, Pfiffedeckel!« het'r gsait un het g'lacht.

D'Prozession

Sache git's, diä git's gar nit, het minner Kolleg usem Nochberstädtli als gsait, wenn-en sinner Stadtrat wider emol abgschmiärt het. Diä hänn eifach anderscht welle, wiä er welle het. »Des nimmt e böses End, wenn'r nit mache, was i sag«, het'r als gsait. Do hänn selli grad z'leid ebbis anders g'macht. Un drno isch diä Sach au noch guet usgange un het im Städtli e Vorteil brocht. »Siehsch, Kolleg«, het'r in so-n-eme Fall zu mir gsait, »wenn i nit nogänn hätt un hätt nit zueg'losse, daß si so abstimme, wiä si hänn abstimme welle, drno hätt's jetz e böses End g'numme!« Do hawi g'wißt, daß mr als Burgermeister immer 's Richtige macht, au wämmer's emol falsch anpackt het. Mr mueß-es nochher numme räscht drille.

Awer des, was i jetz vrzehle will, des isch e Sach, diä wo's wirklig gänn het. Nadierlig hänn mir in unserem Städtli au e Stadtmusik. Mit Päpere un Trummle, mit Pfiffe-n-un Klarinette. E Stadtmusik, diä wo bi jedem Fescht vorne dran isch un uns alle dr Marsch bloost. E Musik, mit dere wo mir bim Feierwehrfescht marschiäre, bim Wiinfescht singe-n-un bim Maitanz zimpftig danze. Mit dere Musik könne mr uns sehn lehn. Manchi sin ganz neidig uf uns, wämmir bi-me Fescht im-e andere Ort uftrette-n-un paradiäre. Manchmol mueß i sogar vornenus marschiäre. Des fahrt eim so räscht in d'Knoche, wenn diä hinter eim uf d'Trummel bätsche un mit-em Päpere un Tiriliäre anfange.

Numme bi dr Prozession, selli wo an Fronleichnam vun dr Kirch durch's Städtli ziägt, isch alles ganz anderscht. 's letscht Johr isch dr Tirigent vun dr

Stadtmusik zu mir ins Rothus komme. »Des mueß anderscht wäre«, het'r gsait und het mr sin Leid klagt. Diä Maidli un diä Buewe un au selli ältere Manne vun dr Musik, könnte dr Prozessionsmarsch und selli Kircheliäder bloose. Awer drzue bidächtig Schritt fir Schritt marschiäre, sell könnte si nit. Zwei alti Soldate in dr Kapell däte des noch kapiäre, awer diä zwei däte diä andere nit rumrise-n-in dr räscht Prozessionstakt.

»Was welle Sie mache?« hawi dr Tirigent g'frogt, will i ingsehn hab, daß do ebbis gschehne mueß. Unseri Stadtmusik mueß in-eme feierlige Schritt hinterem Herr Pfarrer mit-em Allerheiligschte herziäge. Des het mir ing'leichtet.

Do isch dr Tirigent mit sinnem Plan rusg'ruckt. »Wisse Sie«, het'r gesait, »minni Lit könne jo numme Märsch un Walzer spiele. Deswege miän mir des langsame Spiel fir d'Prozession bim Laufe inübe.« Un drno isch d'Iwerraschung komme. In unserem Schwimmbad, het'r mir expliziärt, dät doch jetz im Frihjohr noch kei Wasser im Fuffzig-Meter-Bassäng sin. Des dät grad räscht fir d'Stadtmusik zum Exerziäre sin. Do könnt mr marschiäre un spiele, un niemeds dät ebbis sehn un dät sich ufrege.

So hämmer's drno g'macht. Unseri Stadtmusik het sich bi dr nägscht Prob im Bassäng vum Schwimmbad ufg'stellt, het z'erscht dr Prozessionsmarsch im Stehn g'spielt un isch drno losmarschiärt. 's Bassäng nunter, un drno wieder 's Bassäng nuf. »Ta-tam-tamtatam . . .Ta-tam-tatatam . . .« hänn sie bloose un hänn ganz bidächtigi Schrittli g'macht. Dr Tirigent isch vorneweg, daß si jo ganz langsam doherg'schliche sin. Drno sin d'Kircheliäder drankomme, un des

Bassäng het numme so vun dr Maria un vum liäwe Jesus g'hallt.

»'S wurd immer besser«, het dr Tirigent zue mir gsait, wo-n-i ne uf-em Märkt troffe hab. »Dismol simmer bi dr Prozession akkurat im langsame Takt.«

D'Fronleichnam isch komme. 's isch e schöner Tag gsin. D'Sunn het g'lacht, un alli Blueme-n-an dr Hiiser hänn mit dr Birkli um d'Wetti g'leichtet. Noch dr Kirch het sich d'Prozession drusse-n-ufg'stellt. D'Stadtmusik vornenus. Drno dr Stadtrat, drno dr Stadtpfarrer mit-em Allerheiligschte unterem Himmel, selle wo viär Stadträt treit hänn. Dr Tirigent het 's Zeiche gänn, un d'Musik het angfange mit Bloose. Ganz bidächtig un langsam Schrittli fir Schrittli sin si losmarschiärt. So, wiä si's im Schwimmbad g'lehrt ghet hänn. Au dr Pfarrer isch losmarschiärt, will sich dr Himmel iwer sinnem Kopf in Bewegung g'setzt het. 'r het d'Monstranz vor sinnem G'sicht g'hebt, so daß'r nit alles gsehn het, was rundum vor sich gange-n-isch. 'r het numme so g'miätlig laufe miän, wiä d'Stadtmusik vorne gmiätlig päpert het. »Ta-tamtamtatam . . .Ta-tam-tatatamm . . .« het diä Musik klunge, un au dr Stadtrat isch so Schritt fir Schritt iwer d'Stroß marschiärt, wiä mr des sunscht gar nit vun-em g'wöhnt isch.

Uf einmol isch's bassiärt. E paar vun dr Junge in dr Stadtmusik hänn d'Erinnerung an 's Schwimmbad vrlore un sin in e falscher Takt g'rote. Z'erscht hänn d'Ältere noch fescht drgegebloose. Awer 's isch umeschunscht gsin. Immer meh isch dr nei Takt in diä Schädel ningange, immer schneller hänn d'Finger uf dr Klarinette nuf un nunter g'spielt, un immer feschter het dr Hämme uf sinni groß Trummel drufg'wäsche. Dr Tirigent het mit sinnem Stöckli g'schlegelt, het sich immer wider rumdrillt un het sogar e Fuscht g'macht. 's het alles nix g'holfe.

's Bluet in dr Odere vun dr Junge het langsam kocht, un denne ihri Musik isch immer meh zue-n-eme Walzer wore. »Talalaram-tatam . . .tatam- . . . Talalaramtatam-tatam . . .« het's klunge. Jetzt het uf einmol au dr Himmel z'schaukle ang'fange, will selli Stadträt, selli wo-ne treit hänn, vun dem Walzertakt ang'steckt wore sin. Au dr Stadtpfarrer het nimmi an sich halte könne un het 's Allerheiligscht ganz liislig hin- un her g'schwenkt. Am Stroßerand sin si in d'Knie g'sunke un hänn sich bekreizigt, awer glich noch-em Ufstehn hänn si wider d'Fiäß vrdrillt, wiä wenn sie danze wotte.

Dr Tirigent het sich in dr Bode ningschämmt. »'s Wasser sott mr in's Bassäng ninlaufe lehn«, het'r döwert, »daß Ihr emol erlewe, was e Sintflut isch!« Awer do isch-em dr Stadtpfarrer in dr Arm g'falle un het gsait, daß d'Sunn so schön schiine dät an dem Fescht un daß alles so schön gsin isch un daß mr sich änneweg e bissili freije derft.

»Hänn Sie's g'hört, Herr Bürgermeister«, het dr Tirigent mir zuebriält, »Sie solle sich au freije. Lache Sie doch!«

Do hawi numme gsait: »Jo, Pfiffedeckel!«

Französisch

Dr Kriäg bringt schlimmi Zitte in's Land. Awer wenn dr Kriäg vorbei isch, wurd's meischtens noch liädriger. So isch's au noch-em letschde große Kriäg gsin. D'Männer sin nolang nit alli drheim gsin vun Amerika, vun Frankrich un vun Rußland, un drowe-n-uf-em Schwarzwald het in manchem große Buurehof d'Biiri mit dr Kinder un dr Mägd un dr alte Knecht alles schaffe miän. Numme langsam isch dr eind un dr ander vun dr Männer z'ruckkomme. Jetz hänn si dran denke könne, wider e Burgermeister uf's Rothus z'setze, demit alles wider sinni Ordnung ghet het. Awer au des isch nit so eifach gsin. Do hänn d'Franzose e Wörtli mitz'rede ghet, will dr Burgermeister sellene het basse miän. Un vor allem, e Nazi het'r keiner derfe gsin sin. Si hänn lang gsuecht, bis endlig dr Mattis vun sellem große Hof us-em Kriäg heimkomme-n-isch. »Du bisch allewiil drgege gsin«, hänn d'andere zue-n-em gsait, »jetz bisch du dr Räscht, um drfir ze sin!« So isch dr Mattis dr Burgermeister wore.

Dr Mattis het des alles ganz guet g'macht. 'r het sich glich e junger Kerli, seller wo guet schriiwe un guet organisiäre het könne, uf's Rothus g'holt, un het-em gsait, daß er jetz dr Rotschriiwer sin dät. Dr jung Rotschriiwer un dr alt Burgermeister sin e guets Gspann zamme gsin. »Schrib denne Kerli z'Friburg bi dr Franzose, daß-es keini Eier meh abz'liefere git, wenn si uns alli Hiähner mitsamt dr Guller hole!«, het dr Burgermeister im Rotschriiwer kummediärt. Seller het's gschriewe. »Sessa!« het dr Burgermeister drno gsait, wiä-n'r des immer gsait het, will'r doch bi dr

Franzose-n-in G'fangeschaft gsin isch. »Dert hawi Französisch g'lehrt«, het'r immer wider gsait un het sinni Gschichtli us dr französische G'fangeschaft mit dem »Sessa!« b'schlosse.

»Rootschriiwer«, het dr Burgermeister am e Morge in d'Rotstubb ninbriält, daß seller ganz zammezuckt isch. »Mir miän ge Heitersche fahre un e Ewer steige, demit mr endlig wider kleini Säuli bekumme«, het dr Burgermeister gsait. »So ohni Specksoome kann des nit widerscht gehn. Noch e kleins Wiili, un im ganze Dorf git's kei einzigi Sau meh! D'Franzose sin drbi, uns d'allerletschte z'hole. Mir miän neiji nochziäge. Dodrfir bruche mr endlig wider e Dorfewer. Morge fahre mr uf Heitersche!«

Dr Rotschriiwer het alles guet organisiärt. 'r het e alter Laschtwage g'funde, seller wo mit-eme Holzvergaser durch d'Gegend zuckelt isch. Uf denne Laschtwage hänn si e großes Gstellasch us Balke-n-un Lättli, daß de hesch meine könne, si wotte uf d'Löwejagd in dr Wüschti gehn. Dr Schofför vun dem Laschtwage, dr Burgermeister, dr Rootschriiwer un noch drei Buure sin ganz friäh am Morge loszoge. 's isch noch Naacht gsin, awer si hänn g'wißt, daß si e paar Stund bruche, bis si z'Heitersche hinter Staufe uf seller Saumärkt komme. 's isch dr erscht Saumärkt noch-em Kriäg gsin.

D'Sunn het g'lacht, wo si in Heitersche ins Dörfli ningfahre sin. Bal schun hänn si alli g'lacht. Dr Burgermeister het e schöner Ewer g'steigt, un si hänn des Viech mit vil Gebriäl un Bätsche-n-un Drucke uf dr Wage in sel Gstell ninbrocht. »So«, het dr Burgermeister gsait, »dänne hämmer. Jetz luege mr, ob au mir noch ebbis kriäge!«

Si hänn ebbis kriägt. Jeder het e paar gueti Viertili vun sellem Markgräfler Wiin durch's Girgili renne lehn, un si hänn immer meh g'lacht. »Was wäre sich unseri Säu drheim freije!« het dr Burgermeister proschtet, un dr Rotschriiwer het gsait, daß si sich jetz um dr Speck fir's nägschte Johr keini Sorge meh mache miäßte. »Männer, mr miän heim, sunscht wurds naacht!«, het dr Burgermeister gsait. Si hänn sich ins Führerhus vun sellem Laschtwage-n-un au hinte-n-uf d'Pritsch zue sellem Ewer g'huckt. Dr Motor het pfupfert un g'raucht un bätscht. Drno isch's doch losgange.

Si hänn e luschtigs Liädli g'sunge, un sin drno mit Karracho in Staufe ins Städtli ning'fahre. Dert an dr Neumagebruck isch awer e französischer Soldat breitbeinig mitte-n-uf dr Stroß g'stande un het dr Laschtwage us-em Schwarzwald ang'hebt. Dr Burgermeister isch us'em Auto klettert, d'andere hinterdrin. Seller Franzos isch nähder komme.

»Du, Papier?« het'r g'frogt un het zur Sicherheit emol 's G'wehr vun dr Schulter un het's uf dr Burgermeister ang'legt.

»Oui, oui, ich Papier«, het dr Burgermeister in sinnem beschte Französisch gsait un het so-n-e Fetze usem Hosesack g'holt. Denne het'r sich drheim vum Rotschriiwer schriiwe lehn, will's-em gschwaant het, daß unterwegs irgendwo e Sperri komme wurd. Uf dem Papier isch g'stande, daß dr »Herr Bürgermeister« unterwegs sin dät, um e neijer Dorfewer z'kaufe. Seller Ewer dät im Interesse des Dorfes un des Weiterlebens vum Speck sin, un deswege däte diä Herre dienschtlig unterwegs sin. Untedrunter isch e großer Stempel bäbbt. Uf seller Stempel het dr Burgermeister jetz hinditte un het gsait: »Du sehn! Ici Stempel! Sessa!«

Awer seller Franzos het numme dr Kopf g'schittelt. 'r het des Papier uf dr Bode keije lehn un isch mit-em G'wehr unterem Arm ganz langsam um dr Laschtwage rumdappt. Hinterem Wage het'r einem 's Zeiche drfir gänn, daß'r d'hinter Wand vun dr Wagepritsch emol rablasse sott.

»Ich nix vrstehen!«, het seller gsait, will'r jo diä Wand um's Verrecke nit het welle rablehn. Dr Franzos hätt jo sunscht dr Ewer gsehn.

»Nix verstehn?« het dr Franzos gsait un het dr Buur e bissili mit-em Lauf vum G'wehr kitzelt. Do het seller schnell verstande. Schun het'r d'Hinterwand rabg'lehn. Im Franzos sinni Auge sin immer größer wore, wo-n'r denne Ewer gsehn het. Wahrschiints het'r sich mit sinne Kamerädli schun bim-e guete Brootis am nägschde Dag gsehn. 'r het wider mit-em G'wehr rumg'fuchtelt, het e bissili an dr große Kischt zoge un het dr Burgermeister anbriält. »Witt-witt! Tuttswitt! Cochon, Cochon!« het'r briält, un dr Burgermeister het iwersetzt, daß der Franzos kapiärt het, daß des e Sau isch un daß'r si »schnell, schnell« han wott.

»Um's Gottswille, Burgermeister«, het do dr Rootschriiwer gsait. »Mir un unseri Säui bruche doch denne Ewer!« Do isch awer dr Franzos schun uf dr Rootschriiwer mit-em G'wehr los un het zue-n-em gsait: »Nix, nix. Du kaputt!«

In dem entscheidende Augeblick het sich dr Burgermeister zue sinnere ganze Größi g'steigert. 'r het sich so schnell uf dr Wage nufg'schwunge, daß-im Franzos fascht 's G'wehr us dr Hand keit isch. Drno het dr Burgermeister drowe durch selli Lättli durch noch-em Ewer g'langt, het-em hinte zwische d'Bein griffe, het zum Franzos rabg'luegt un het gsait: »Kommune. Fick. Fick. Verstehn!«

Dr Franzos het uf eimol iwer beidi Backe g'lacht. 'r het 's G'wehr uf d'Schulter z'ruckg'schmisse un het nomol grinst. Wahrschiints isch'r drheim au e Buurebue gsin.

»Verstehn!« het'r gsait un het im Burgermeister kummediärt: »Alleehop!«

Alli sin in dr Laschtwage g'hopst, hänn mit-em guete Holz vum Schwarzwald guets Gas gänn un sin drvun g'fahre. Wo si sowit gsin sin, daß mr 's Staufener Städtli nimmi gsehne het, het dr Burgermeister anhalte losse. Si hänn-e umringt un hänn e Schluck us dr Griesewasserbuddel g'numme. Er hätt schu g'meint, si un dr Ewer däte verlore sin, het einer von dr Buure gsait. Awer dr Burgermeister mit sinnem guete Infall, seller hätt d'Rettung brocht.

»Infall?« het do dr Burgermeister gsait un het g'lacht. »Infall? Jo, Pfiffedeckel – Französisch mueß mr könne. Sessa!«

D'Rettung

Manchmol, wämmer noch-em Stadtrat noch im »Rote Hus« bim Viertili hucke, kommt dr alt Dokter us-em Städtli drzue. Selle ziägt's au wege-n-em guete Schwartemage vum Wirt ins Wirtschäftli. »Hucke zue-n-ich, Dokter«, due-n-i als zuem sage, will'r doch so luschdig vrzehle kann. Mr esse dr Schwartemage, sirpfle dr trucke Riesling un händle noch e bissili wege sellem Händel, seller wo mr vorhin in dr Sitzung g'het hänn.

»Wenn Sie 's Muhl g'halte hätte, sait dr Stadtrat Schächtili zu mir, »drno dät ich jetz schu min dritts Viertili schlotze. Awer Sie miän immer drzwischefahre!«

»Ich mueß Eich doch uf dr räscht Weg bringe«, gib i zur Antwort. Awer dr Stadtrat Schächtili meint, dr einzig richtig Weg dät dr schnellscht Weg zum Schwartemage-n-un zum Viertili sin. Deswege, so meint'r, sott ich mir e guets Sprichwort merke, des wo schun sinn'r Vadder als brucht het. »Muhl halt d'Gosch!« dät des heiße. Wenn ich mr des z'Herze nämme dät, drno däte-n-unseri Sitzunge nomol so schnell vorbei sin. Un schun het sich des einer us-em Rat z'Herze g'numme. Mit große Buechstawe het'r »M-H-G« uf e Babbeldeckel g'schriiwe. Un immer, wenn i im Stadtrat hab drzwischefahre un einer uf dr räscht Weg hab bringe welle, het'r driwe-n-am Tisch des Plakätli in d'Höchi g'hebt. »Muhl halt d'Gosch« het'r mr signalisiärt. Mit dr Zitt hawi's bigoscht kapiärt.

's letschtmol het uns dr Dokter selli G'schicht vum Schermuusseppli vrzehlt. Seller het so g'heiße, will'r uf sinne Ackere immer dr Schermiis nochg'stellt het, will si-em alles vrwiählt hänn. Dr Seppli het e kleins Buurehiisli mitte-n-im Städtli ghet, mit-eme Ochs im Stall, zwei Säu un e paar Hiähner. Mit-em Ochs het'r als fir d'Stadt Holz g'fahre oder au mol Brikett oder sunscht so Ziigs. 's isch nit oft bassiärt, daß'r zum Dokter het gehn miän. Dismol awer het's zum Dokter gar nimmi g'langt. Si hänne gli ins Krankehus. Dr Dokter sott doch emol komme, will dr Seppli noch-em vrlangt. Also isch dr Dokter ins Krankehus gange. Jessesnai! Wiä het dr Seppli usgsehn. Ganz vrgelschtert isch'r in dr Kisse g'lege un het schwer g'schnuuft. 's Gsicht isch vrkratzt gsin, un d'Bruscht hänn si-em ganz ing'wickelt ghet. »Was isch denn bassiärt, Seppli?« het dr Dokter wisse welle. Ganz langsam, will'r jo nit räscht het schwätze könne, het'r's vrzehlt.

Also, het'r g'meint, er dät doch drheim vun dr Stroß us mit-em Ochs un mit-em Wage tirekt zum Schiiredoor ninfahre un hinte dät's no durch's ander Door wider nus in dr Grasgarte gehn. So isch'r noch-em Holzfahre au wider mit-em Ochs un mit-em Wage in d'Schiir nin, will'r dert dr Ochs het abgschirre welle. 's Door in dr Garte isch sperrangelwitt ufgstande. Do het uf eimol e Brämm dr Ochs vrruckt g'macht, un seller isch mitsamt-em Wage uf un drvun. Grad zum hintere Door nus. »Hinterem Door, Ihr wisse's doch«, het dr Seppli zum Dokter gsait, »hinterem Door steht im Gaarte mitte-n-im Weg e Pfluumebaum. Uf seller isch dr vrruckt Kaib grad losg'rennt.«

»Na un?« het dr Dokter g'frogt. Des dät doch nix b'sunders sin. Dodrvun wurd mr doch nit krank. Des dät doch nit's erschtmol gsin sin, daß dr Ochs loszoge het.

»Sell nit«, het dr Seppli gsait«, »awer der Kaib het tirektemang uf dr Pfluumebaum zielt. Un do hawi mi schnell drzwischegsch'misse. Grad zwische-n-em Baum un dr Dissel het'r mi vrwitscht!«

»Nai, nai, nai!« het dr Doktor do briält un het 's Deckbett e bissili in d'Höchi g'hebt, demit'r gsehne het, wiä's dr Seppli vrwitscht het. Un wiä het's ne vrwitscht! 'r isch an dr Bruscht ganz nindruckt gsin.

»Kaib«, het dr Dokter gsait«, »wäggeworum bisch denn nit uf d'Sitt g'hopst?«

»Uf d'Sitt?« het dr Seppli g'schnuuft. »Ha nai, Herr Dokter, drno wär jo d'Dissel genau uf dr Pfluumebaum un wär abbroche! So hawi wengschens d'Dissel g'rettet!«

Wo mir noch g'lacht hänn un dr Dokter noch e Schiib Schwartemage g'esse het, isch-em noch selli Frau ing'falle, selli wo's immer an dr Gall het. Selli het-ne geschtert uf eimol antelefoniärt un het gsait, si dät jetz grad uf-em Märkt sin. »Do bruche Sie doch mich nit«, het dr Dokter ins Telefon gsait. »Doch«, het selli Frau gsait. Sie dät jetz grad im Telefonhiisli stehn, will si wisse miäßt, ob si seller schön Lauch bi sellere Buursfrau kaufe könnt oder ob seller Lauch ihrer Gall amend schade dät.

»Nai«, het dr Dokter gsait, »Ihrer Gall schadet der nix, numme minnere!« Drno hrt'r ufghängt.

Awer des dät noch gar nix sin, het dr Dokter g'meint. Im letschte Winter, wo's grad so e kleins bissili g'schneit ghet het, het nachts einer bim Dokter antelefoniärt. Dr Dokter sott gli komme, will's dr Frau e bissili schlächt isch.

»Isch's schlimm?« het dr Dokter g'frogt. Ha, so schlimm dät's au wider nit sin. Drno dät er nit komme, het dr Dokter gmeint. Dr Mann sott doch mit sinnere Frau zum Dokter ins Städtli rabfahre.

»Nai«, het do dr Mann gsait, »komme Sie numme zue-n-ich nuf. Wisse Sie, Herr Dokter, i hab mr e neijs Auto kauft, un do trau i mi bi dem Schnee nit z'fahre. I könnt jo irgendwo anstoße. Do hawi halt denkt, Sie mit Ihrer alte Karross, Sie könnte ehnder zue uns ruffahre!«

»Liäwer Dokter«, hawi do gsait un hab's Glas hochghebt. »Worum soll's Eich besser gehn wiä mir als Burgermeister. Mich jage si au iweral rum, un i derf nit emol e Rechnung stelle!«

»Verlange Si doch eifach ebbis!« het dr Dokter g'lacht un het mr zueproschtet. Do hawi awer numme sage könne: »Jo, Pfiffedeckel!«

Meinung

»Herr Burgermeister! Vorhin hätt i binah ebbis gsait, bi demm i, will i's nit gsait hab, doch froh gsin wär, wenn i's gsait hätt. Wenn i nämmlig sell gsait hätt, was i nit gsait hab, drno hätt i gsait: ›Herr Burgermeister, Sie sin e Lumpeseckel!‹ Awer villicht isch's doch guet, daß i nit gsait hab, was i so gärn gsait hätt!«

D'Abstimmung

Weller Beruef dr Stadtrat Dotterbluem g'het het, sell v'rroot i nit. I will numme sage, daß'r dr liäb lang Dag lang drusse-n-im Feld, in dr Gärte oder au uf dr Stroße g'schafft het. Dr Dotterbluem isch e braver Mann gsin, un i hab mi guet mit-em v'rstande. Im Stadtrat het'r niä zue sellene g'hört, diä wo bi jedere Sach 's groß Wort fiähre, au wenn si gar nix drvun v'rstehn. »I bruch nit in d'Zittung«, het'r als zu mir gsait. »Mir längts, wenn i durch's Städtli geh un mit dr Lit e bissili schwätz. Drno weiß i, wo's si's druckt un was mr drgege mache miän!«

Un des het'r au g'wißt. Mancher gueter Root isch vun-em komme, au wenn'r-ne erscht gänn het, wenn dr groß Märkt schun vrloffe gsin isch. 'r het nämlig in dr Sitzunge nix sage welle, will'r doch numme Dialekt gschwätzt het. »Do lache mi villicht selli g'scheite Herre us, au wenn si vil wenniger wisse wiä-n-ich!« het'r emol zu mir gsait un het mr e Weg zeigt fir e Problemli, an sellem wo mir Gscheiti schun ebene viär Monet rumknuddelt hänn. »So miän Si's mache lehn«, het'r gsait, »drno wurd's räscht wäre.« Un 's isch räscht wore.

Awer 's isch nit numme wege-n-em Dialekt gsin, daß dr Stadtrat Dotterbluem sich im Stadtrat nit in unseri Dischkeriärerei ing'mischt het. Will'r vun dr frische Luft drusse am spohte Nomiddag tirekt in d'Sitzung komme-n-isch, isch'r bi dere dicke Luft im Saal un bi dem Qualm vun dr Sigarre, selli wo domols noch g'raucht wore sin, immer gli ing'schloofe. 's het-em als leid don, awer: »Do kannsch halt nix mache«, het'r als zu mir gsait. Drno het'r mit-em Lehrer, seller wo in dr glichlige Partei gsin isch un im Stadtrat newe-n-em g'huckt isch, e Abkomme troffe. »Lehrer«, het'r zue sinnem Ratskolleg gsait, »Du hesch usgschloofe, wenn de vun dr Schuel in d'Sitzung kommsch. Du hesch guet ufbasse. Bass also fir mich mit uff. Un wenn's drno abz'stimme gilt, drno gibsch mr e Knubber, un schun stimm i mit ab.«

Meischtens isch des jo guet gange. Eimol hämmer awer iwer e hoorigi Sach fascht e Stund lang dischkeriärt, un alli hänn sich so räscht in d'Hoor kriägt. Dr Stadtrat Dotterbluem isch ganz zammeg'sunke dog'huckt, het ab un zue e bissili blinzelt un drno wider guet widerschtg'schloofe. Mir awer hänn des Problem bis uf seller Punkt triewe, wo-n-i hab welle abstimme lehn. I hab denkt, i miäßt ganz schnell mache, demit selli, wo noch wacklig sin, nimmi vil Zit zum Nochdenke hänn.

»I komm zur Abstimmung«, hawi briält, will i denkt hab, vun dem Briäle dät dr Dotterbluem ufwache. Awer nix isch gsin.

»Wer isch drgege?« hawi noch lutter g'frogt. Des het nadierlig sellene golte, selli wo drgege gsin sin. Im Dotterbluem sinni Genosse hänn sich awer drfir usg'sproche ghet. Jetz muesch dr Kolleg wecke, het dr Lehrer denkt. Jetz kommt's uf jedi Stimm an. 'r het also im Dotterbluem e Knubber gänn, un wo seller in d'Höchi g'fahre-n-isch, het'r liislig gsait: »Abstimmung!«

Dr Dotterbluem het numme des Wörtli »Abstimmung« g'hört un het gli dr Arm hochg'risse. »Falsch, falsch!« het dr Lehrer zischelt. Awer dr Dotterbluem het nit glich mitkriägt, was jetz falsch gsin isch.

Do hawi des g'macht, was e gueter Burgermeister in so-n-eme Fall macht. I hab ang'fange mit Stottere un hab gsait, daß i mi bim Abzehle vrzehlt hab. Deswege dät i nomol abstimme lehn. Jetz isch dr Dotterbluem hellwach gsin un het so abgstimmt, wiä's sinni Genosse welle hänn.

»Burgermeister«, het mi dr Stadtrat Dotterbluem nochher bim Viertili g'frogt. »Hänner Eich wirklig vrzehlt g'het?«

Do hawi gsait: »Jo, Pfiffedeckel!«

Sin Sie's

Dr Schwarzwaldverein het sinni groß V'rsammlung im Städtli. Us dr ganze Gegend sin d'Lit komme un treffe sich jetz in dr Hall. Plötzlig blibbt e Frau us dr Umgegend vor-em Burgermeister Pfiffedeckel stehn un frogt-ne: »Gelle Si, Sie sin dr Burgermeister Pfiffedeckel?«

Dr Burgermeister strahlt un sagt, daß des stimme dät. Dodruf sait diä Frau: »Wisse Sie, Herr Burgermeister, uf dr Fotos in dr Zittung sehn Si vil fetter us wiä in Wirkligkeit!«

Belznickel

Wämmer's Amt räscht usfille duet, het mr als Burgermeister jo nit vil Zit fir d'eige Famillje. Kuhm het der Oschterhas dr Kinder im Gaarte g'legt, muesch schu widr furt zum Turnier vun dr Kicker. Wenn d'andere an Pfingschte ge wandere gehn, mueß unsereins bi dr Radler radle, will selli am Fiirtig e Schnitzeljadg mache, un an Wihnächte muesch im Altersheim un im Krankehus »Frohi Wihnachte« winsche. Wenn de Glick hesch, platzt in dr Neijohrsnaacht e Gasrohr oder e Wasserrohr gurgelt 's Wasser us dr Stroß. Schu muesch wider renne un luege, daß alles klappt. Do sin si drno drheim am nausle. »Kannsch denn nit emol dobliiwe«, sait minni Frau ganz spitzig. Awer i weiß jo, daß si weiß, daß i furt mueß. E Burgermeister mueß immer vun drheim furt.

Bloß eimol, do het mi minni Frau drankriägt. »Am Zischdig isch Niklausdag« het si gsait. »I weiß-es«, hawi gsait. »Do hänn mi d'Kinderschweschtere in dr Kindergaarte inglade.«

»Nix do Kindergaarte«, het minni Frau lutt un dittlig gsait. Drno het si mr expliziärt, daß si fir dr Owend unseri Enkili ing'lade het un daß do dr Niklaus komme dät. Dr Hämme, des isch minner Stadtratsfreind, mit sellem wo-n-i als Zego spiel, dätne mache. »Seller brucht nit emol e Bart ans Kinn bäbbe«, het minni Frau gsait, will'r nämlig so-ne schöner, wisser Vollbart het. »Hesch d'Gschenker fir dr Niklaus schun kauft?« hawi wisse welle. »Alles isch erledigt«, het si gsait. »Numme-n-eins fehlt noch.«

Was denn noch fehle dät, hawi wisse welle. Do het

sich minni Frau vor mich postiert, het mi e bissili schäpp angluegt un het gsait: »Mir bruche noch e Belznickel!« Drno het si mich visitiärt, het mit-em Zeigefinger gege mich g'stupft un het gsait: »Dr Belznickel, seller bisch Du!«

»Bisch plämpläm«, hawi grinst un hab si zum Lache bringe welle. »Ich bin villicht manchmol im Stadtrat sinner Nickel, awer e Belznickel bin i noch lang nit. Ich nit!«

»Nix do«, het minni Frau kummediärt. »Dr Hämme isch dr Niklaus, un Du bisch dr Belznickel!«

»Gell«, hawi gsait, »dr Hämme derf als Niklaus d'Gschenker usteile. Un was derf ich als Belznickel mache, hä?« Minni Frau isch nit v'rlege wore. Diä wurd iwerhaupt niä vrlege. »Waisch«, het si g'meint, »dr Belznickel duet dr Niklaus begleite. Dr Niklaus treit 's goldig Buech, in sellem wo alli guete Sache drinne stehn, un dr Belznickel treit d'Ruet, mit sellere wo-n'r fitze derf.«

Wäggeworum der eigentlig fitzt, hawi schiinheilig wisse welle, will mr plötzlig e guedi Idee komme-n-isch. »Der derf d'Kinderli grad so packe-n-un mit dr Ruet abschmiäre?« hawi g'frogt.

»Ha nai«, het minni Frau expliziärt, »so isch's au widr nit. Nit eifach druflos bätsche. Z'erscht mueß dr Belznickel d'Kinderli e bissili usfroge. Ob si brav gsin sin, ob si amend ebbis boost hänn, ob si im Vadder un dr Mueder au folge un ob si in dr Schuel ebbis lehre. Ob si bim Bettzittlitte gli heimgehn un so.« Dr Belznickel miäßt-ne halt schun e bissili uf dr Zahn fihle. Drno derft'r am Schluß au mit dr Ruet fitze.

»Sag emol«, hawi ganz kriminälisch g'frogt un hab wisse welle, ob dr Belznickel numme d'Kinderli usfroge derft. »Nadierlig derf'r au d'Erwachsene ebbis froge un derf-ne mit dr Ruet winke«, het mr minni Frau bedittet.

»Ich mach dr Belznickel«, hawi do gsait un bin gli uf d'Biehni ge alti Röck un Mäntel un Kappe z'sueche, demit i mi so räscht wiä-n-e Belznickel hab usstaffiäre könne.

Seller Niklaus-Owend isch do gsin. Ich hab mi bim Hämme in sinnere Wohnung umzoge. Mei, mir zwei hänn guet usgsehn. Dr Hämme in sinnem rote Mantel un mit sinnem wisse Bart, mit dr hohe Kapp un mitem silwrige Gürtel um sinner dick'r Buch. Jetz noch d'wisse Hännschig an un dr Bischofsstab in d'räscht Hand – un schun hämmer losziäge könne.

Ich bin als Kontrascht neweher dappt. I hab e alter Lodemantel ang'het, an sellem wo d'Motte schun sitr e paar Summer ihri Freid ghet hänn. E alti Zipfelkapp hawi in dr hinterschte Schublad vum Känschterli uf dr Biehni au noch g'funde. Zum Glick het's nit g'regent odr g'schneit. Sunscht hätt i bigoscht 's Wasser durch alli Löcher in dr Sohle vun minne alte Knowelbecher kriägt. Am End vum letschte Kriäg het selli e Soldat in dr Schiir stehn lehn. Jetz sin si grad räscht fir dr Belznickel gsin. Nadierlig hawi au noch e Kuehkett iwer dr Buckel g'worfe, demit i so räscht hab rassle könne. D'Händ hawi vrsteckelt, demit mr mi jo nit kennt. Selli alte Hännschig, mit selle wo-n-i als d'Rose schniid, hänn guet zue minnem Ufzug basst. Un unter d'Nas hawi mr e schwarzer Schnurrbart bäbbt. E soniger het domols dr Feldmarschall Schneidig unter sinnem dicke Kolwe ghet, wo-n'r dr Franzose Mores g'lehrt het.

So simmer durch's Städtli zoge. Glich isch e Kinderschar hintr uns herg'rennt. »Mache-n'r nit, daß'r heimkomme!« hawi mit-ere ganz tiäfe Stimm bruddelt. »Hänner nit g'hört, daß-es Bettzitt g'litte het. Sehn'r nit, daß-es schu finschter wurd?« Erscht won-i mit dr Kuehkett g'rasselt und d'Ruet g'schwunge hab, sin si z'ruck un sin heimzue.

»Guet«, hawi zum Hämme, seller wo jo jetz dr Niklaus un eigentlig minner Chef gsin isch, gsait. »Mir sin guet. Mir mache Indruck. Vun uns geht e Wirkung us. Des miän mir usnitze.«

Wiä ich des meine dät, het dr Hämme-Niklaus wisse welle. Dodrbi het'r au sinni Stimm vrstellt, so daß i bigoscht g'meint hab, i dät wirklig als Belznickel mit-em Niklaus parliäre. »Loß mich numme mache, Niklaus«, hawi gsait un hab ne emol mit dr Ruet g'fitzt. »Menschenskind«, het'r do ganz himmlisch ufbegehrt. »Du kannsch doch als Belznickel nit dr heilig Niklaus fitze. Du bringsch jo diä ganz Ordnung durchenander. Du muesch dich dr Menschekinder zuewende.«

»Sell wurr i garantiärt mache«, hawi zum Niklaus gsait, un hab mi schu druf gfreit, wiä schön ich des infädle wurr.

Mir sin mit Boltere, mit Rassle un mit-em Klingling vum Niklaus sinnere Schell in unseri Wohnstub nin, in sellere wo minni Frau als Großmueder mit unserer Dochter un mit dr Enkili um dr Adventskranz mit sinne Kerzli rumghuckt isch. Dr Fritzli, seller wo sunscht immer 's gröscht Muhl het, isch fascht unter dr Tisch g'schlupft. 's Marieli het d'Finger vrdrillt un het d'Knie zammedruckt, wiä wenn's pressiäre dät. 's het awer nit pressiärt.

Mir hänn schöni Liädli g'hört un Gedichtli. Drno hab i mit minnere Usfrogerei ang'fange. D'Kinderli hänn ganz zittrig Antwort gänn. Ich hab si e bissili mit dr Ruet g'fitzt, un dr Niklaus het sich iwer sinner wiss Bart g'striche, will'r so räscht z'friede gsin isch. Drno hämmer dr Kinderli d'G'schenker un alli selli guete Sächili gänn, selli wo mr minni Frau vorher inpackt ghet het.

Dr Niklaus het d'Kinderli nomol e Liedli singe lehn. Drno het'r widr gehn welle. Do hawi-ne awer am rote Mantel zuppelt un hab-ne wider in d'Stub ninzoge. I hab mit minnere Kett g'rasselt un bin gege minni Frau, selli wo d'Großmueder isch, vorg'ruckt. Selli het schu g'wißt, was jetz lanzt. Awer wege dr Kinderli het si mi jo nit v'rrote könne.

»So, Großmueder«, hawi gsait un hab minni Ruet e bissili g'hebt. »Jetz welle mr uns emol mit Eich beschäftige. Stehn emol uf, wenn dr Belznickel, der wo dr guet Helfer vum guete Niklaus isch, mit Eich redt!«

Minni Frau isch ufg'stande un het mi dodrbi schnell e bissili pfetzt, will si g'meint het, d'Kinderli däte des nit merke. »Hoho!« hawi do mit minnere tiäfe Stimm brummelt, hab mit minnere Kuehkett g'rasselt und hab d'Ruet durch d'Luft sause lehn, daß-es numme so pfiffe het.

»Großmueder«, hawi gsait, »isch-es wohr, daß Ihr's nit liide welle, daß Eier braver, gueter Mann morgens bim Kaffeetrinke d'Zittung liest? Hä?« Do het minni Frau, selli wo d'Großmueder isch, schun e bissili ufg'muckt. Ich hab awer mit minnere Ruet g'wunke. Schun isch si riäwig gsin.

»Stimmt's«, hawi widerscht g'frogt, »daß Ihr Ihnne

Ihre Mann ins Städtli ge inkaufe schicke, au wenn's gar nit sin miäßt? Bloß daß'r-ne fir e Wiili loshänn? Trinke-n'r drno, wenn'r im Städtli friärt un schuggert, nomol e Tässli Kaffee extra. Awer dismohl e räscht's un e bsunders starks? Hä?«

D'Großmueder, wo minni Frau isch, het g'schnappt wiä-n-e Forell, selli wo mr us-em Bach uf d'Matt schmißt. Awer ich hab-ere kei Zit zum Schnuufe g'lehn. »Isch-es wohr«, hawi widerscht g'frogt un hab mit dr Kuehkett g'rasselt, »isch-es wohr, daß Ihr Eierem Mann selli Zehnerli un Fuffzigerli, selli wo-n'r vrgesse het, us dr Hosesäck hole, wenn'r d'Anzieg butze? Un daß'r mit dem stibitzte Geld drno im Siäße Löchli Kueche-n-esse? Hä?«

»Liäwer Belznickel«, het do minni Frau gsait un isch ganz friedlig wore. »Was heißt do schun ›Liäwer‹?« hawi gsait. »Do isch nix mit dr Liäwi! Do wurd g'frogt un wurd Antwort gänn. Un drno git's dr Lohn drfir. Hawi räscht g'hört, daß Ihr, wenn drusse d'Sunn schiint un dr blau Himmel lacht, Eierem Mann nit gönne, daß'r d'Läde zuemacht un in dr dunkle Stub am Fernseher sell Länderspiel vun dr Kicker b'schaut? Do welle-n-Ihr mit-em spaziäregehn? Isch-es amend nit so? Russ mit dr Sproch!«

I hätt noch lang widerscht froge könne, will i mi jo in dere Famillje guet uskenn. Losch-es sin, hawi endlig denkt. V'rhausch si jetz e bissili mit dr Ruet, will de jo so schnell nimmi an so-ne G'legeheit kommsch. I bin mit Ketterassle gege d'Großmueder, diä wo minni Frau isch, vor un hab d'Ruet sause lehn. Do hawi awer d'Rechnung ohni minni Enkili g'macht g'het. Selli hänn jo ihri G'schenker ghet un hänn alli Angscht vrlore. Wo si g'sehne hänn, daß ich d'Großmueder am Arm packe wott, do sin si alli schnell uf mi los, hänn mi am Lodemantel packt un vun dr Großmueder wegzoge. I hab mi schnell rumdrillt, fir si ze fitze. Bi dem Rumdrille-n-isch mr bigott dr groß Schnurrbart rabkeit. Minni Enkili hänn Muhl un Nas ufg'sperrt. Uf eimol hänn si mich kennt, hänn mit dr Finger uf mich ditte un hän im Chorus briält: »Herrjeh! Herrjeh! Dr Großvadder isch e Belznickel!« Do het minni Frau, selli wo d'Großmueder isch, g'lacht und het gsait: »Sell hawi schun lang g'wißt!«

Sell het mich als Belznickel drno doch e bissili g'nickelt . . .

Englisch

Vum Stadtrat sin e paar ge Kanada g'floge, will si dert vun-ere Stadt inglade wore sin. 's git e großer Empfang in sellem Rothus. Später sait einer vun dr Stadträt zum Burgermeister: »Komisch, i kann kei Wörtli Englisch. Awer wenn i zeh Whisky trunke hab, drno kann i uf eimol Englisch babble. Un diä Kanadier vrstehn mi!«

Meint dr Burgermeister: »Des isch doch klar. Diä hänn drno nämlig au schu zeh Whisky hinter sich!«

Dr Karussellmann

Zweimol im Johr, wenn uf-em Märktplatz fir dr Johrmärkt d'Bude ufbaut wäre, kommt au dr Karussellmann zu uns ins Städtli. Uf-em Kirchplatz baut'r sinni elektrisch Autobahn, sinni Schießbudene, sinni Magebrot-Wäge un sell klein Kinderkarussell uf, uf sellem wo sich d'Stroßebahne, d'Feierwehrauto un d'Rennwägili drille. Wenn'r alles ufbaut het, kommt'r zu mir ins Rothus, um mich inzelade. 'r ladet mich uf e Viertili in sinner groß Wohnwage in, seller wo ganz khäb newe-n-em Pfarrhus steht, us sellem wo-n'r 's Elektrisch un 's Wasser bekommt. Am Vormittag, wenn sich drusse nonix drillt, will d'Kinder noch in dr Schuel un d'Autofahrer noch bim Schaffe sin, hucke mr in dr g'miätlige Stub vun dem kaiwemäßig moderne Wohnwage, in dem wo's alles git, grad wiä drheim. D'Frau vum Karussellmann isch newedran in dr Kuchi un kocht fir diä ganz Mannschaft un fir d'Famillje 's Middagesse. Do git's Kässpätzli mit Surrkrutt, Schnitzel mit Grumbiirestampfi oder sunscht so gueti Sache.

Drwielschd des guet G'schmäckli us dr Kuchi e bissili durch d'Ritze-n-in dr Dier ziägt, hucke mir zwei bim trockene Wiinli un traime. Wirklig – des isch e räschti Stund fir e Traum. Dr Karussellmann vrzehlt vun sinnem Großvadder, seller wo noch sell ganz alt Karussell ghet het, bi sellem wo noch e räschts Rößli Stund fir Stund ringerum dappt isch un s'Karussell in Schwung g'halte het. Daß-es dem Rößli nit liädrig wore-n-isch, deswege het mr-em d'Auge zuebunde. Nadierlig het's später e gueter Hawer kriägt, will mr im-e guete Gaul au guet z'fresse gänn soll. Firlefanz mit elektrische Lämpli, selli wo rot un griän un gähl un blau us-un angehn, het's domols nonit gänn. Deswege isch im Karussellmann sinner Großvadder au friähzittig ins Bett komme. Hitzedags geht dr Truwel meischtens erscht räscht los, wenn's dunkel wurd un alli Lämpli ufblitze.

Nadierlig mueß i drno au vrzehle. Wiä mir an sellem Kettekarussell g'stande sin, bi sellem wo d'Maidli so hoch nufgfloge sin, daß dr Wind d'Röckli numme so nufpfluddert het. Un wenn de selwer in so-n-eme Sessili dringhuckt un durch d'Luft g'saust bisch, drno het's dr fascht dr Odem vrschlage, un 's Herz isch dert g'hänkt, wo de drufg'huckt bisch. Newe-n-em Karussell isch dr Wage mit dr Orgel g'stande. Des isch 's Schönscht am ganze Johrmärkt gsin. Dr Tirigent, so e kleins, us Holz gschnitzt's un ang'molts Männli, isch vor dr Pfiffe vun dere Orgel uf-eme kleine Podescht g'stande un het im Takt vun denne Walzer un denne Märsch mit sinnem Stöckli dr Takt g'schlage. Manchmol het'r dr Kopf vrdrillt, daß mir Kinder g'meint hänn, er dät mit uns schwätze. Drno het d'Orgel e kleini Paus g'macht, will si wider emol het schnuufe miän. Eigentlig isch-es jo numme deswege gsin, will dr Karussellmann e neiji Papierroll het uflege miän. In selli Roll sin lutter Löcher ning'stanzt gsin. Des isch d'Musik, het dr Karussellmann uns expliziärt. Awer so räscht hämmer des nit glaube welle. Uf eimol het dr Tirigent mit-em Stöckli g'wakkelt, 'd Roll isch widerscht g'loffe, un schun het d'Orgel wider päpert un trummelt un pfiffe, daß mir drunte uf-em Plätzli in d'Händ klatscht hänn.

»Jo, jo!« het dr Karussellmann zue mir gsait. »Selli

schön alt Orgel. Mr hänn si noch-em Kriäg noch ghet. Awer mit son-ere Orgel hesch d'Litt vrtriewe. Diä hänn numme Schallplatte-n-un später Tonbänder höre welle. 's het so lutt miän sin, daß de 's eige Wort nimmi vrstande hesch. Do hämmer selli Orgel vrkauft.« 'r het e Schluck Wiin g'numme, het d'Auge zueg'macht un het zue mir gsait: »Was gäb-di, wenn i selli Karussellorgel noch hätt! Hit muesch fascht ge Amerika fahre, daß de wider emol eini höre kannsch. Mir hänn alles, was alt gsin isch, furtg'schmisse, will d'Litt g'meint hänn, des dät numme noch Plunder sin. Un mit-em Plunder hänn si alli schöni Traim furtg-sch'misse!«

So isch-es, hawi fir mich denkt. 's kommt immer e Zitt, wo de meinsch, aller alt Plunder miäßt mr in dr Dreckeimer keije. Awer ball schu spiersch, daß'r dr fehlt un daß de em nochhielsch. No hesch wider dr Klang vun dr alte Orgel im Ohr, un selli alde Däg komme dr wiä v'rwunsche vor.

»Mr miän esse, 's geht ball los!« het im Karussellmann sinni Frau gsait un het mit dr Teller un mit dr Gawle kleppert. I hab min Wiinli ustrunke, hab Dankschön gsait fir diä Traim un bin gange.

Bisch du eigentlig nit au so-ne Karussellmann, hawi denkt, wo-n-i im Rothus d'Stapfle nufgange bin? Duen si mit dir nit au manchmol Karussell fahre? Un duesch du's nit au gern sehn, wenn dr Stadtrat im Kettekarussell an dr vorbeifliägt un de spiersch, wiä si in ihre Sitzli Gischterli kriäge? Jo, hawi fir mich gsait, manchmol drillt sich alles wiä bi-n-eme räschte Karussell. Awer dr Schönscht vun allem isch änneweg dr Tirigent, seller wo an dr Orgel steht, mit-em Stöckli winkt un dr Takt schlagt. Seller

Tirigent bin ich, dr Burgermeister. Odr amend nit? Do isch mr uf dr Stapfel dr Stadtrat Fitzlibutzli entgegekomme, un ich hab-ne g'frogt, ob'r nit manchmol dr Indruck hätt, daß ich dr Tirigent sin dät. Was dr Fitzlibutz do zue mir gsait het? »Jo, Pfiffedeckel!« het'r gsait.

Melke

Mr dischkeriärt im Stadtrat dr neij Hushaltsplan. Einer, wo nit so ganz z'friede-n-isch, will'r meint, des Zahlewerk dät uf arg wacklige Bein stehn, sait: »Des alles kommt mir vor, wiä-n-e granitini Säule, diä wo uf zwei wacklige Bein steht un jetz au noch g'molke wäre soll.«

Immer im Bild

Vun Afang bis zum End simmir Burgermeister immer im Bild. Des mueß so sin. Mir duen nit numme dr Stadtrat in's Bild setze. Nai, mir selwer wäre ning'setzt. Des duet guet. Manchmol bringt's au Problemer. »Jede Morge, wenn i d'Zittung ufschlag«, het seller Biirehiiler us-em Owerstädtli gsait, »jede Morge grinst mi s'Gfräß vum Burgermeister us-em Blättli an. Miän diä eigentlig jede Tag, wo dr Herrgott schenkt, ä Bild vun dem Kaib veröffentlige?«

So isch-es. Mir Burgermeister sin immer im Bild. Burgermeister bi dr Feierwehr vorne, Burgermeister bi dr Kinderschuel hinte, Burgermeister bim Zuchtviehmärkt hier, Burgermeister bi dr Stadtratssitzung da, Burgermeister bim Festkonzert owe, Burgermeister bim Richtfest unte, Burgermeister links, Burgermeister räschts, Bu-hu-hurgermeister! So könnscht fascht wiä bi sellem Figaro im Theater singe. Mir Burgermeister trätte ewe doch im beschte Theater uf!

Awer des isch noch lang nit alles. Telefoniärt mich doch geschtert minner Frisör an un sait, er dät grad d'Zittung lese. Dodrbi hätt'r sell Bild betrachtet, sell wo mich bi dr Inweihung vom Tennisplatz so schön vun hinte zeige dät. Also nai, do dät mr mir jo grad ins G'nick ninluege. Un do dät er als minner Frisör mit sinnere Verantwortung wisse, daß-es högschti Zitt sin dät. Zitt fir ä neijer Hoorschnitt. Eifach mitem Usrasiäre vum G'nick dät mr dere Sach nimmi beikomme.

Schnell bin i am heiterhelle Morge, wo anderi Litt schaffe, zum Frisör. I bin ganz vrlege durch's Städtli gschliche, au wenn i mr gsait hab, daß d'Hoor au währen-em Dienscht wachse. Wenn i wengschens ä Aktedeckel unterem Arm ghet hätt. Des isch nämmlig 's Rezept vun minne Mitarbeiter im Rothuus. Wenn de währen-em Dienscht ins Städtli zum Inkaufe gehsch, klemmsch dr eifach ä Aktestück untr dr Arm. Drno bisch allewiil amtlig. Awer ich kann doch keini Akte zum Frisör mitnämme!

Schun hawi unterwegs d'Frau Dirrlisgiiger troffe. Selli het mr ins G'sicht g'luegt, wiä wenn sie spiire dät, daß i grad emol nit amtlig unterwegs bin. »Jetz bin i awer froh«, het si gsait, »jetz bin i wirklig froh.« Wägeworum si froh sin dät, hawi wisse welle. Ha, het si g'meint, vorgeschtert hätt i in dr Zittung uf sellem Bild so abg'magert usg'sehn, daß si schu g'meint hätt, 's dät nimmi mit mir stimme. »Awer Sie hänn Ihri schöni Bäckli jo noch«, het si zweidittig gsait, isch furtg'rennt un het mi schnell vun hinte angluegt. Am nägschte Stroßeneck isch d'Frau Hämpfili komme. Si het mir gli ihri Hand uf dr Buch g'legt. »Sie miän abnämme, unbedingt miän Sie abnämme«, het si trompetet. »Vorgeschtert bin i jo fascht vrschrocke, wo-n-i in dr Zittung g'sehne hab, wiä fett Sie uf eimol wore sin!« Drno het si mir e paar Rezepter zum Abnämme expliziärt. Do hawi schun bim Loschoore abg'numme.

Kuhm bin i bim Middagesse drheim am Tisch g'huckt, isch's Telefon gange. Minni Schwester het mr expliziäre welle, daß si's jo numme guet mit mir meine dät. Awer sell Anzügli, sell wo i do bi sellem Bild vun sellem Empfang anhäbt, also nai. So ebbis Altmodischs derf mr doch hitzedags nimmi anziäge! Un als Burgermeister schun gar nit. Ob des denn minni Frau, selli wo ihri Schwägeri isch, nit sehne dät? So isch's noch e ganzes Wiili furtgange. I hab minnere Schwester dankschön gsait un bin zum Middagesse z'ruck. »Hit Nomiddag kaufe mr e neijer Anzug«, hawi zue minnere Frau gsait un hab in dr Brägili g'stochert. Minni Frau het gstrahlt un het gsait, wenn schun ihri Erziehung bi mir nix nutze dät, minnere Schwester dät i wengschens noch folge. Ich hab wider in dr Brägili g'stochert un hab mi g'frogt, woher minni Frau eigentlig weiß, daß des vorhin minni Schwester am Telefon gsin isch.

Jetz het mi noch minner Zahnarzt antelefoniärt. Er hätt uf sellem Bild, wo ich in dr Zittung so schön lache due, g'sehne, daß-es rechts owe Zitt fir e Stindli uf sinnem elektrische Stuehl sin dät. »Komme Sie?« het'r mi g'frogt. Do hawi g'lacht un hab gsait: »Jo, Pfiffedeckel!«

Worterklärungen

(frz. = französisch)

A-ba (frz. pas)	Nein
Abee	WC
ä	ein
ä-hä!	Ja!
abschaiwle	abfertigen, fortjagen
Adje (frz. Adieu)	Auf-Wiedersehen!
Aigli	Äuglein
äks-gähwili	spottender Kinderruf, wie etwa »Ätsch!«
allärd (frz. alerte)	aufgeweckt, wachsam
alleritt	oft, dauernd
allewiil	immer
amend	etwa
Amlett	Omelett, Pfannkuchen
amm'r	an mir
andoobe	anbieten, anschmusen
änneweg	trotzdem, dennoch
Ärwet	Arbeit (I hab Ärwet = es fällt mir gar nicht ein)
Babbe	Vater, Papa
Babbedeckel	Karton
Bäbb, bäbbe	Klebstoff, kleben
bäbbig	klebrig
bache, Bachofe	backen, Backofen
badde, 's baddet	gelingen, von Erfolg begleitet sein, es gelingt
bäfzge, bäfze	kritisieren, dazwischenreden
Baim	Bäume
bamble	schludern, hängen lassen
bämmere	klopfen, schlagen
barahd	bereit
barriäre	gehorchen, parieren
bätsche	klatschen, zuschlagen
Beck	Bäcker
Bettzittlitte	Betzeit-Läuten
Biewli	Bübchen
bibble	mit dem Finger kratzen, z. B. am Teig, am Brot usw.

Bibiliskäs	Quark
Bichli	Bäuchlein
Bickili	kleine Erhebung, kleiner Buckel
Biini	Dachboden
Biire	Birnen (diä Biire sin gschittelt = dieser Fall ist erledigt)
bigoscht!	bei Gott!
bisch	bist du (bisch do? = bist du da?)
Blämbe	Abzeichen, Orden
Blädrli, Bloodr	Bläschen, Blase
bloose	blasen
bludd	nackt, bloß
Bludde	der nackte Hintern
Blueme, Bliämli	Blumen, Blümchen
Bolle	Kugel, rundes Materialstück
botte	geboten
Brägel	Kartoffelgericht (do hesch dr Brägel = Ausruf, wenn etwas schief ging, wie etwa: »da hast du den Salat«)
Brägili	gebratene Kartoffeln oder Teigwaren
Brämme	Bremsen (Insekt)
Bretschel	Brezel
briädlig	brütend
Briäh	Brühe
briäle	schreien, laut reden
broode	braten
Broodis	Braten
broozle	langsam braten
bruche	brauchen, benötigen
bruddle	maulen, vor sich hinreden
Bruddli	griesgrämiger Mensch
bruun	braun
Bubb, Bubbili, Bibbli	Puppe, Püppchen
Buch, Bich	Bauch, Bäuche
Buddel (frz. bouteille)	Flasche
Bue, Buewe	Bub, Junge, Buben
Buech	Buch
Buttrflade	Butterbrot
butzt un gstrählt	geputzt und gestrählt = alles erreicht
Buur, Buurehiisli	Bauer, Bauernhäuschen

d'	die
daguff	wendig, flink, aufgeweckt
Daig	Teig
Dambis	Rausch
dänne	diesen, den (nimm dänne = nimm diesen)
dätsch	würdest du
deewerä	toben, schimpfen
Deets (frz. tête)	Kopf
derf	darf
Dirrhäddili	schlankes, magers Frauenzimmer
Dirrlisgiigr	magerer, hagerer Mann
dirmelig	schwindelig, taumelnd
dischkeriäre	diskutieren
ditsch, Ditschr	deutsch, Deutscher
dodrfir	dafür
dogsin	da gewesen
dohinne	hier drinnen
doon	getan
Doobe	Finger, Hand
dorum	daher, deshalb
dozemol	damals
dr	der
draime	träumen
drheim	daheim
drille, Drillr	drehen, Griff zum Drehen
driwe	drüben
driweliäre	drängen, antreiben
drizeh	dreizehn
drnäwe	daneben
drsell	jener
drummle	trommeln
drwiil, drwiilschd	während, derweil
duen, duet	tun, tut
dummle	beeilen
duschuhr (frz. toujours)	immer, stets
dußmah (frz. doucement)	langsam, leise, bedächtig, sanft
Duume	Daumen
Duwak	Tabak
ebbis, ebbs	etwas
ebb'r	jemand
eben'r, ebene	ungefähr, etwa
Eel	Öl

ehnder	ehe
elleinig	allein
ere	ihr (gib-ere = gib ihr)
eschoffiäre (frz. échauffe)	erregen, erhitzen
Fiäß	Füße
Fiige	Feigen
Fiir	Feuer
Fiirdig	Feiertag
Fiirowe	Feierabend
fimf	fünf
firschi	vorwärts, voran
Fisasch (frz. visage)	Gesicht
Fischt	Fäuste
Flade	bestrichenes Brot (Buttrflade, Schläckliflade = Marmeladebrot)
Freid	Freude
Fridig	Freitag
gähl	gelb
Gällruewe	Gelberüben, Karotten
gaddig	besonders, qualitätvoll, ordentlich
gähwiädig	jähzornig, wütend
Gail	Gäule, Pferde
Gällbittl	Geldbeutel
gänn	gegeben ('r het mr's gänn = er hat mir's gegeben)
Gebelfer	Schimpferei
Gebruddel	Gemurmel, Gebrumm
Geißel	Peitsche
geschdert	gestern
Gfräß	griesgrämiges Gesicht
ghäb	dicht an, nahe bei, jäh
g'het	gehabt
git	gibt
Gittrli, Guttr	Fläschlein, Korbflasche
gleit	gelegen
G'lischte	Gelüste
glitte	geläutet
gloffe	gelaufen
gnue	genug
Gosch	Mund (derb)

Graddl (frz. grade)	Einbildung, Stolz ('r het ä Graddl)
griän	grün
Griesewässrli (frz. cerise)	Kirschwasser
g'roote	geraten, geglückt
grueschtle	suchen, kramen, wühlen
Grumbiire, Grumbiiresupp	Kartoffeln (Grundbirnen), Kartoffelsuppe
grumslig	brummlig
gsait	gesagt
gsin	gewesen (wo mir gsin sin = wo wir gewesen sind)
gschwellt	gekocht
guuge	schaukeln
Gutter	dicke Flasche
hä-ä!	Nein!
Häfili	Töpfchen
Häftlismachr	einer, der alles sehr genau nimmt
hälinge	jäh, plötzlich, heimlich
Hämme	Wilhelm
hämm'r	haben wir
hänke	hängen
hänn'r	habt ihr
het	hat
het-em	hat ihm
Herdepfl	Kartoffel (Erdapfel)
hesch-en	hast du ihn (hesch-en gsehn? = hast du ihn gesehen?)
hewe, g'hebt	halten, gehalten
hiele	heulen, weinen
hiirote	heiraten
Hiisli	Häuschen
Hind, Hindli	Hunde, Hündchen
hindrefir	durcheinander
hinmache	zerstören
hinterschi	rückwärts
hit	heute
hitzedags	heute, heutzutags
Hooke	Haken
Hoor	Haar
Hornigle	Kribbeln in den Fingern bei sehr kaltem Wetter
Hosesack	Hosentasche

hucke	sitzen, hocken
Huck'r	einer, der gerne lange sitzen bleibt
Huch	Hauch
huddle	etwas überstürzen, beeilen
Huffe	Haufen
Huus, Hiisr	Haus, Häuser
Hutt	Haut
ich	uns (komme zu-n-ich = kommt zu uns)
im-e	in einem
Inne	Ihnen
Iis	Eis
Iise	Eisen
iwr	über
iwrzwerch	verdreht, verkehrt
iwrig	übrig
Kaib, Kaiwe	Kerl, Bursche, Burschen
Kaiweziigs	Ein Gegenstand oder eine Sache, die schwer zu beherrschen, zu verstehen oder zu handhaben ist (etwa »Teufelszeug«)
kalfaktere	schlecht machen, zögern
khäb	knapp, dicht
käswiß	käsweiß
Kapp	Mütze, Kappe
keije	fallen
Keschdebaim	Kastanienbäume
kiddere	kichern
Klefeeri	schlauer, gewitzter Kerl
klepfe	knallen
knubbe	stoßen, schubsen
knuddle	zerren, knittern
knuddlig	zerknittert
kriäge	bekommen, erhalten
Kriz	Kreuz
Krott	Kröte
Kuchi	Küche
Kuchikänschterli	Küchenschränkchen
Kuddle, Kuddel	Gedärm, Darm
kuhm	kaum

Läbdag	Lebtag, Betrieb, Umtrieb
Lafehd	Gesicht
Läfzä	Lippen
lambe (frz. lambiner)	hängen lassen, trödeln, schlaff sein
lamentiäre (frz. lamenter)	jammern, klagen, lamentieren
lanze	erreichen, ankommen (Bi dämm kannsch nit lanze = bei dem kannst du nicht ankommen)
lätz	falsch, verkehrt
Lewe	Leben
lehn	lassen
lehre	lernen
leije	liegen
liädrig	schlecht, liederlich
liäwr	lieber
linzä	schauen, scharf beobachten
Lit, Littli	Leute, Leutchen
litte	läuten
loschore	heimlich horchen, lauschen
luege	schauen
lummerig	locker, lose, wackelig
luschdere	lauschen, horchen
lutt	laut
Madam	Frau, Madame
Maidli	Mädchen
Mamme	Mutter
Mändig	Montag
Metzig, Metzg'd, g'metzg'd	Metzgerei, gemetzigt = geschlachtet
miän	müssen (mr miän = wir müssen)
Micksrli	Muckser, kleiner Ton
Moggl, Möggili	Klumpen, Klümpchen
Mölli	Kopf
mole	malen
Monet	Monat
mornemorje, mornemorn	morgen früh
muesch	mußt (du muesch = du mußt)
Muhl	Maul, Mund (derb)
mungig	schlecht gelaunt
Muur	Mauer
nab	hinab

nadierlig	natürlich
naihje	nähen
näxe	herumdrücken
niämeds	niemand
niänends	nirgendwo
niähle	wühlen
Nickel	Geldstück
niin	neun
nimmi	nicht mehr
noddle	rütteln
nomeh	noch mehr
Nomiddag	Nachmittag
nonit	noch nicht
noot	nahe
numme	nur, bloß
Oh-lätz-mattis!	Ausruf, wie: »O Schreck laß nach!«
ordenanzmäßig	tüchtig, kräftig
Owe, owends	Abend, abends
Päper	Trompete
päpere	trompeten, trinken
pfiffe	pfeifen
Pfiffli	Pfeifchen
Pfiffedeckel	Pfeifendeckel (Jo, Pfiffedeckel! Ausruf wie etwa: »denkste!«)
pfupfere	plagen, drücken
pfuuse	zischen, hörbar ausatmen, nach dem Aufwachen noch etwas dösen
plärre (frz. pleurer)	weinen
Pumpje (frz. Pompiers)	Feuerwehr
rabisse	abbeißen
rääs	scharf
Rämbä	großes Stück Brot usw.
Ränzli	Bäuchlein
räscht	richtig, ordentlich
Rauhm	Rahm
rawoose	toben, herumtollen
Regard (frz. regard)	Respekt, Angst

Riäd	Ried, Rheinebene
riäwig	ruhig
risse	reißen
riiwe	reiben
Root	Rat
rumdappe	herumspazieren, tappen
Sackmesser	Taschenmesser
Samschdig	Samstag
schäbb	schief, krumm
Scheermuus	Wühlmaus
Schell	Glocke
schelle	läuten
Schiibli	Scheibchen
Schiifili	Schäufele
Schleckli	Marmelade
Schleckliflade	Marmeladebrot
Schluch, Schlich	Schlauch, Schäuche
schmecke	riechen, munden, duften
Schnurr	Mund
schnuufe	schnaufen
schnaigig	wählerisch
Schruub	Schraube
schu	schon
schuggern	frösteln
Schugger	Schubser
Schunke	Schinken
saije	säen
se!	Hier! Da!
Seijr	Sieb
sellr, selli	jener, jene
sellemols	damals
sessa	so ist es (frz. c'est ça!)
Sigar	Zigarre
similiäre	nachdenken, brüten
sirpfle	behaglich schlürfen
sit	seit
sitt'r	seitdem
siwe	sieben
sonigi	solche
sott, sotte	sollte, sollten
spaue	spucken
Specksome	(Specksamen = Ferkel)
Sputzig	Speichel

spaniife	aufmerksam horchen
stibbere, Stibbr	stützen, Stütze
Storg, Storgedurm	Storch, Storchenturm
Struß	Strauß
Stubb	Stube, gutes Zimmer
suffe	saufen
Sunndig	Sonntag
sunscht	sonst
Surrkrutt	Sauerkraut
suuge	saugen
suur	sauer
trickle	trocknen
triweliäre	antreiben, ungeduldig sein
Trottwar (frz. trottoir)	Gehweg
ufbasse	aufpassen, acht geben
ufghebbt	aufgehoben
umenandr	umher
umkeit	loß mi umkeit = laß mich in Ruhe
uspfuuse	nach dem Aufwachen noch etwas dösen
uß'r	außer
Vierlig, Viertili	Viertel, Viertel
vrblämberä	vergeuden
vrbrotzle	zu stark gebraten, anbrennen
vrgelschdere	erschrecken, verstören
vrgnuuse	ertragen, leiden (i kann-en nit vrgnuuse = ich mag ihn nicht leiden)
vrhohnebibble	aufziehen, ärgern, verhöhnen
vrknuddelt	zerknittert
vrliggere	erspähen
vrzehle	erzählen, berichten
vrzettle	verteilen, streuen, spreiten
Wäfz'g	Wespe
wägge, wägge-worum	weshalb, warum denn
wämm'r	wenn wir
wäsche	waschen
welle	wollen
welleweg, wellewegs	trotzdem, deshalb

wengschens	wenigstens
wief (frz. vif)	lebhaft, lebendig
Wiili	Weilchen
Wiihnachte	Weihnachten
Wiin	Wein
Wiiwr	Weiber, Frauen
wiß	weiß
wore	worden
wott, wottsch	wollt, wolltest
wuehle	fest arbeiten
wurd	wird ('s wurd kalt)
wurr	werde (i wurr sähn = ich werde sehen, du wurrsch's sähn)
wuschbr	munter, lebhaft
zammekeije	zusammenstürzen
Zeedel	Zettel
Ziig	Zeug
zipfelsinnig	durcheinander, nervös
Zischdig	Dienstag
Zit, Zitte	Zeit, Zeiten
zuebämmere	zuschlagen
Zwelfi	zwölf Uhr